TRAUM SEGEL

Ein Märchenbuch

Roland Kübler
Jürgen Werner

Postfach 1713, 71307 Waiblingen
Beim Hochwachtturm 8 a, 71332 Waiblingen

Titel und Illustrationen:

eine ART firma

OLIVIERI & GELDERBLOM

grafik zeichnung illustration bilder Konzepte plastiken

Satz, Repro, Druck: Windhueter, Schorndorf

Bindung: Nething, Weilheim/Teck

1. Auflage Mai 1994

ISBN 3-926789-08-5

Roland Kübler

Ein Schritt weiter

Staubig war die Straße vor dem Stadttor. Staubig und heiß. Seit Stunden lief die alte Frau davor auf und ab, mißmutig vor sich hinbrummelnd. Die Wachen hatten die Lanzen gekreuzt, als sie Einlaß in die Stadt begehrte.
„Ihr seid hier nicht erwünscht, und solange wir für die Sicherheit der Stadt zuständig sind, werdet Ihr keinen Einlaß finden!" hatten sie gerufen und ihre Fäuste noch ein wenig fester um die Lanzenschäfte geballt.
Die alte Frau zweifelte keinen Augenblick daran, daß die Wächter bereitwillig von ihren Waffen Gebrauch machen würden, um ihren Worten Nachdruck zu verleihen. So hatte sie ihren aus düsteren Flicken und Flecken zusammengesetzten Sack, in welchem es geheimnisvoll zischelte und schepperte, wisperte und raunte, wieder über die Schulter geworfen und sich abgewandt. Sie würde schon einen Weg in die Stadt finden.
Kam jemand auf das Stadttor zu, stellte sie sich ihm in den Weg und redete auf ihn ein. Doch ganz gleich, ob Handwerker, Bauer oder Kaufmann, ob Magd, Geldverleiher oder Mönch, alle machten einen großen Bogen um die Alte mit ihrem geheimnisvollen, düsteren Sack und strebten so schnell als möglich dem Stadttor zu.
So sehr sie auch zeterte und schalt, niemand wollte ihr zuhören oder gar ein gutes Wort für sie einlegen bei den Wachen.
„Wartet nur ab!" Böse drohte die Alte mit der Faust den Wachen, die nun in grimmiger Entschlossenheit stumm und starr durch sie hindurchstarrten, als wäre sie überhaupt nicht vorhanden. „Ich habe noch immer einen Weg in eine Stadt gefunden!"
Aufmerksam schritt sie an der starken Mauer entlang. Immer wieder schlug sie grimmig mit der Hand gegen die mächtigen, grob behauenen Steinquader. „Keine Befestigung war je zu hoch für mich, kein Stein zu schwer, keine Mauer zu dick!"
Ihre Zähigkeit wurde belohnt. Sie fand eine Stelle, wo Flechten und Moos, knorriges Wurzelgestrüpp und der Zahn der Zeit ihre Spuren in der Mauer hinterlassen hatten. Die Quader waren brüchig. Einen davon konnte sie soweit lockern, daß er sich herausziehen ließ. Siegessicher kicherte die Alte vor sich

hin, während sie mit geschickten Fingern und starken Händen, Stein um Stein in der mächtigen Stadtmauer lockerte, herausbrach und achtlos hinter sich warf.
So war der Tag vergangen, und als langsam die Dämmerung mit zarten Fingern über den Himmel strich, hatte die alte Frau schon eine gefährlich große Lücke herausgebrochen. Nicht mehr lange und die stark und stolz aufstrebende Stadtmauer würde an dieser Stelle in sich zusammenbrechen. Die Alte war zufrieden. Sie würde in die Stadt kommen. Wenn nicht durch das Tor, dann eben auf diesem Weg.

❡

Aus dem glühenden Licht der über den Horizont fallenden Abendsonne kam eine Gestalt mit leichten Schritten auf die Stadt zu. Die alte Frau verharrte in ihrem rastlosen Tun. Sie hörte ein fröhliches Lied, dessen Melodie ihr aus fernen Kindertagen wohlvertraut war. Fast schien es, als wollte die Alte lächeln, doch bevor sich ein winziger Glanz in ihre Augen stehlen konnte, gewann ihr Zorn wieder die Oberhand. Sie nahm einen weiteren Stein aus der Mauer und warf ihn zur Seite.
Es war ein Mädchen, das da im letzten Abendlicht noch unterwegs war. Mit drei bunten Seidentüchern jonglierend, schritt sie auf die Alte zu. Das fröhliche Lied verstummte, als die beiden sich gegenüberstanden, doch das Spiel der Hände mit den Tüchern setzte sich unermüdlich fort.
„Seid mir gegrüßt", sagte das Mädchen. „Was macht Ihr hier an dieser brüchigen Mauer? Die Nacht wird bald kommen und da ist es besser, an einem sicheren, vor Wind und Wetter geschützten Platz in der Stadt zu sein."
Die alte Frau nickte mit verkniffenen Mundwinkeln. Das Mädchen musterte die Alte von oben bis unten. Sehr vertrauenswürdig sah sie nicht aus. Ihre gebückte Gestalt verdeckte ein weiter Umhang, dessen dunkle Farben blaß und verblichen waren. Das Gesicht war fast vollständig verborgen unter einem weit herabhängenden, schäbigen Kopftuch. Im Leuchten der Augen jedoch konnte das Mädchen die Macht und Kraft vieler

Jahre, vieler Wege und vieler Leiden erkennen. Am unheimlichsten jedoch war das geheimnisvolle Zischeln und Scheppern, ein beständiges Raunen und Wispern, sowie ein stechend beißender Geruch, welcher seinen Ursprung, wie all die Geräusche, in dem düsteren Sack hatte, den die Alte auf ihrem Rücken trug.
„Die Mauer wird zusammenbrechen, wenn Ihr sie weiter zerstört," stellte das Mädchen fest.
„Kannst du nicht mit dem dämlichen Spiel deiner Hände aufhören?" keifte die alte Frau. „Mach dich davon. Was geht es dich an, wie ich mir meinen Weg in die Stadt bahne?"
Sie zog einen weiteren Stein aus der Mauer. Geröll und Schutt bröckelte staubig unter ihren Händen. Ein großer Quader hatte sich gelockert und stürzte laut polternd aus der Mauer.
Das Mädchen wich zurück, doch ihre Stimme klang fröhlich, als sie rief: „Schaut doch, was ich kann!"
Als die alte Frau über die Schulter blickte, sah sie, daß das junge Mädchen vier bunte Tücher durch die Luft tanzen ließ.
„Laß mich zufrieden. Deine Gauklerstückchen interessieren mich nicht."
Doch da war wie von Zauberhand ein fünftes Tuch erschienen und reihte sich ein in den bunten Kreislauf, welcher von dem Mädchen in der Luft gehalten wurde.
„Seht und staunt!" forderte das Mädchen die Alte auf. „Auch mit sechs Tüchern zu spielen, bereitet mir keine Schwierigkeiten."
Mißtrauisch beobachtete die alte Frau das Mädchen. Weshalb führte es ihr Kunststückchen vor, wo sie es doch gewohnt war, daß die Menschen ihre Gesellschaft mieden und möglichst einen großen Bogen um sie schlugen?
Nun waren es sieben bunte Tücher, welche das Mädchen in wildem Tanz in der Luft hielt. Das konnte nicht mit rechten Dingen zugehen. Als die Alte einige Schritte zur Seite stolperte, hörte sie die vergnügte Stimme des Mädchens. „Seht! Schaut her! Zählt mit! Jetzt sind es acht!"
Die Alte wich zurück. Sollte hier ein böser Zauber mit ihr geschehen? Niemand auf der Welt konnte gleichzeitig acht Tü-

cher durch die Luft tanzen lassen, ohne daß eines davon auf die Erde fiel.
„Ich will Euch zeigen, was noch niemand sah. Ihr werdet sehen, was keiner je für möglich hielt. Schaut und staunt. Neun Tücher lasse ich tanzen und keines berührt das andere und keines lasse ich fallen."
Das Mädchen stand lachend in der Abendsonne und ihre Hände waren nur als huschende Schemen zu erkennen. Die seidigen Tücher wirbelten umher in einem leuchtenden Kreis, der sich bunt in den aufkommenden Nachthimmel zeichnete.
„Neun?" Die Stimme der Alten zitterte ein wenig.
Dann ging sie langsam zurück. Es waren genau neun Schritte, bis sie wieder vor dem Mädchen stand.
„Kannst du auch mit zehn Tüchern dein Kunststück vorführen?" wollte sie von dem Mädchen wissen und ihre Stimme klang brüchig.
„Nein", sagte das Mädchen. Mit einem geschickten Schwung fing sie die wirbelnden Tücher auf. „Warum seid Ihr zurückgekommen?"
„Du vollführst deine Gaukelei mit neun Tüchern. Mir hat die Last des Lebens ein Bündel auf den Rücken geschnürt, das ich immer bei mir führen muß. Neun Dinge sind darin. Das ist der Grund, weshalb die Menschen vor mir zurückweichen."
Mit großen, neugierigen Augen fragte das Mädchen: „Was ist es, was Ihr bei Euch habt?"
„All das, was die Menschen ängstigt, ist in meinem Bündel versammelt: Hunger und Durst, Krankheit und Tod, der Dorn der Einsamkeit und die Qual des Mißlingens, die namenlose Schuld und das allumfassende, alles verschlingende Nichts, welches von der Sinnlosigkeit des Lebens herrührt. Und all die mißliebigen Antworten auf die viel zu vielen ungestellten Fragen jedes Menschen."
„Nun verstehe ich, weshalb die Wachen Euch nicht in die Stadt lassen wollen!" sagte das Mädchen. „Es ist nicht leicht, jemanden wie Euch willkommen zu heißen."
„Ich komme schon hinein, denn auch mir gebührt ein Platz in der Stadt", versicherte die Alte, deren Stimme plötzlich wieder

voller Kraft und Leben war. „Noch nie hat mich eine Befestigung abgehalten. Ich finde immer einen Weg."

„Aber wenn Ihr die Mauer zerstört, ist die Stadt schutzlos ihren Feinden und den wilden Tieren ausgeliefert!" entsetzte sich das Mädchen. „Das dürft Ihr nicht tun!"

„Mein Platz ist in der Stadt", beharrte die Alte. Sie rüttelte und zog an einem großen Stein, der einer der wenigen verbliebenen Stützen der Stadtmauer an dieser Stelle war. Es war leicht; sich vorzustellen, was geschehen würde, wenn die Alte diesen Stein gelockert und herausgebrochen hatte.

Das Mädchen setzte sich und glättete ihre neun bunten Seidentücher. Dann band sie eines an das andere und verknotete sie gut.

„Gebt mir Euer Gepäck", forderte sie dann die Alte auf.

„Das geht nicht!" Die Alte lachte ein verdorrtes Lachen, während sie sich weiterhin mit dem großen Stein abmühte. „Du kannst mit deinen Tüchern spielen und sie weglegen. Mein Bündel jedoch kann ich nicht abnehmen."

„Dann werde ich es auf Eurem Rücken verhüllen."

Das Mädchen trat hinter die alte Frau und verbarg den düsteren Sack unter ihren leuchtenden Tüchern.

„Kommt mit", rief sie dann und eilte davon zum Stadttor.

Dort klopfte sie heftig, bis sich eine kleine Luke öffnete und ein Wächer herausschaute. Das Mädchen benötigte nur wenige Worte und ein fröhliches Lächeln, dann wurde das Tor geöffnet.

Keuchend war die alte Frau inzwischen bei dem Mädchen angelangt. Der Wächter musterte sie mit zusammengekniffenen Augen. Doch als er den Umhang aus bunten Tüchern entdeckte, begann er zu lächeln und trat zur Seite.

Die Alte schüttelte verwundert den Kopf, als könne sie nicht glauben, was sie hier erlebte. Das Mädchen fragte leise: „Nun sagt mir, wer seid Ihr?"

„Ich bin die Angst", antwortete die alte Frau mit gramerfüllter Stimme.

„Das trifft sich gut", rief das Mädchen fröhlich. „Laßt uns ein Stück Weg gemeinsam gehen."

Das Mädchen nahm die Alte bei der Hand. Diese zuckte vor der ungewohnten Berührung zurück.
Erst als sich die Hand des Mädchens fest um ihre geschlossen hatte, fand die Alte die Sprache wieder. „Wer bist du, daß du wagst, nach meiner Hand zu greifen?“
„Die Hoffnung“, lachte das Mädchen.
Gemeinsam gingen sie durch das große Tor in die Stadt.

Jürgen Werner

Die Blüte des Lebens

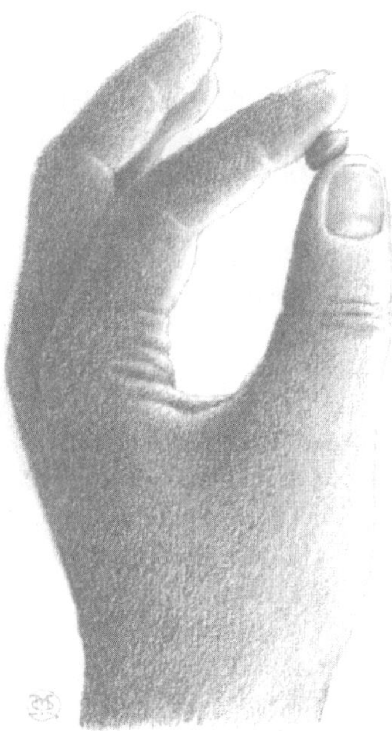

Es waren einmal zwei Königskinder...
Nein, eigentlich ist das geschwindelt. In Wirklichkeit handelt die Geschichte von den Söhnen des Gärtners, der nichts weiter tat, als den Park des Königs zu pflegen. Aber belassen wir es bei den Königskindern. Es klingt schöner und das wirkliche, wahrhaftige Lebensglück macht keinen Unterschied, ob man Gärtner oder Königssohn ist. Nur für jene Menschen, deren Phantasie nicht ausreicht, um zu verstehen, zu glauben oder wenigstens zu hoffen, daß ein Gärtner ebenso glücklich sein kann, wie ein Königssohn. Ihnen sei diese Geschichte zugeeignet.

❡

Irgendwann ist es soweit. Dem kann niemand ausweichen, nicht die Söhne des Gärtners, nicht die des Königs. Irgendwann kommt der Augenblick, da ist die Kindheit nur noch ein Schatten am Horizont. In diesem Moment schmerzt selbst ein Sonnenuntergang.
Tulio drückte eine seltsam grün schillernde Muschel in den Turm, den er aus Sand gebaut hatte und gab ihr so eine andere Bestimmung. Er stand auf, dachte ärgerlich an seine Mutter, die in ihm noch immer den kleinen Jungen sah, wischte sich die Hände an seinem Gewand sauber und ging zurück zum Schloß. Er wußte, sie würden schon nach ihm gesucht haben. Der Vater wütend, die Mutter in Sorge. Denn heute war der große Tag.
Er verabscheute Festlichkeiten und am meisten jene, bei denen er und sein Bruder Gantor der Mittelpunkt waren. Als Tulio den Thronsaal betrat, war es genau so, wie er es sich gedacht hatte. Vater sah mißbilligend von seinem viel zu hohen Thron auf ihn herunter, und Mutter konnte kaum stillsitzen, sah nur das schmutzige Gewand und die zerzausten Haare. Gantor stand neben Vater, aufrecht, sauber und ordentlich, bereit die hohen Weihen zu empfangen. In diesem Moment wurde Tulio schmerzlich bewußt, weshalb ihm der Weg zurück ins Schloß so schwer gefallen war.

Mondragor, der Magier von den Südbergen, war gekommen, um Tulio und Gantor aus dem weichen Nest der Jugend in die Welt der Erwachsenen zu stoßen. So jedenfalls sah es Tulio. Gantor bewegten ganz andere Gedanken und Gefühle. Ungeduld vor allem. Die Ungeduld, endlich das Leben mit Sinn zu füllen, nicht mit Spielen oder Phantasien. Er hatte sich am Meer sattgesehen, hatte sich lange genug treiben lassen.
Erwartungsvolle Stille breitete sich im Thronsaal aus und zog jeden in seinen Bann. Mondragor sah die beiden jungen Männer an und lächelte weise. Sein schulterlanges, schlohweißes Haar glänzte wie ein silbern schillernder Vollmond. Der blaue Umhang erinnerte an die unergründlichen Tiefen der Meere und die vielen geheimnisvollen, mit goldenen Fäden gestickten Zeichen darauf, erzählten Geschichten, die niemand kannte, doch ein jeder verstand. Der Magier bat die beiden zu sich, griff tief in die Tasche seines Umhangs, zögerte, sah das gespannte, erwartungsvolle Gesicht Gantors, sah Tulio und zog zwei Samenkörner heraus.

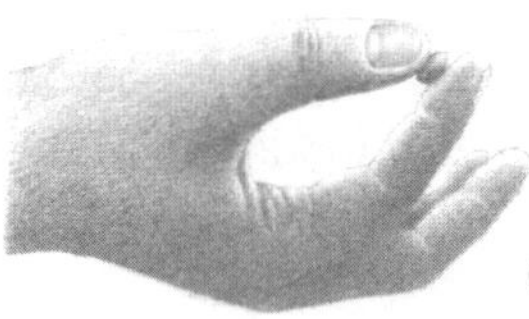

„Pflanzt sie am schönsten Ort, den ihr kennt, tief in die Erde." Der Magier überreichte jedem ein Korn.
Gantor war enttäuscht. Er hatte etwas Großes, etwas Außergewöhnliches erwartet. Oder wenigstens ein Schwert. Der König räusperte sich auf seinem Thron mißbilligend. Auch er hatte von Mondragor mehr erwartet. Tulio nahm das Korn zwischen Daumen und Zeigefinger, betrachtete es blinzelnd gegen die Sonne, fand im Schattenspiel Geschichten, die ihm nie jemand erzählte.
„Dem Korn entspringt eine Pflanze, ihr eine Blüte", erklärte Mondragor in ruhigen, besonnenen Worten, die kaum mehr als ein leiser Windhauch waren. „Eine gar außergewöhnliche Blüte, die das Geheimnis des Lebens in sich trägt."
Der König räusperte sich nicht mehr mißbilligend, und auch Gantor sah plötzlich das Samenkorn in seiner Hand mit anderen Augen. Tulio war zufrieden. Er mochte Geheimnisse.
„Eine einzige Nacht lang wird sie ihr Geheimnis, das große Ge-

heimnis des Lebens, offenbaren. Dann ist der Zauber für immer und ewig vorbei." Mondragor wandte sich dem König zu, deutete eine Verbeugung an, erwies der Königin seine Ehrerbietung und verließ mit ruhigem Schritt den Thronsaal.
Gantor hielt das Samenkorn fest in seiner Hand. Er wollte die Pflanze blühen sehen. In dieser einen Nacht das große Geheimnis erfahren, bevor das Schicksal die Blüte dem Tageslicht übergab, und sie unwiederbringlich verloren ging. Er beschloß, das Samenkorn, so wie es Mondragor vorgeschlagen hatte, am großartigsten Ort, den er kannte, einzupflanzen. Dem höchsten Berggipfel im Land, dort, wo niemand außer ihm hinkam, und von wo aus er die Welt sehen konnte.
Tulio lief zum Strand. Er brauchte Luft zum Atmen, zum Nachdenken, zum Fühlen, zum Leben! Er betrachtete das Samenkorn, sah in seiner Phantasie die aufkeimende Pflanze und spürte, daß ihm die Blüte ihr Geheimnis offenbaren würde. Nur, wo er das Samenkorn einpflanzen sollte, das wußte er nicht. Er hatte keinen schönsten Ort, weil er noch längst nicht alle Orte dieser Welt kannte. Also nahm er das Korn und steckte es am Strand in einen schmalen Streifen Erde, der sich nicht darum scherte, was die Natur für Gesetze befahl und störrisch dem Salz des Meeres trotzte.
Der Aufstieg zum Gipfel dauerte viele Stunden. Aber immer dann, wenn Gantor dachte, daß er sich keinen Schritt mehr weiter quälen könnte, kamen kurze Wegstrecken, die eben waren oder bergab führten, ihm für den nächsten beschwerlichen Anstieg die nötige Hoffnung gaben. Gantor mußte lange suchen, bis er zwischen den Felsen einen Ort fand, der genügend Schutz für sein Samenkorn bot. Erschöpft, aber glücklich und unsagbar stolz, machte er sich auf den Weg nach Hause.

¶

Es waren erst wenige Tage vergangen, seit Mondragor das Schloß verlassen hatte, als in Tulio der Wunsch keimte, die Welt kennenzulernen. Auch Gantor drängte es, das Schloß zu verlassen. Er wollte hinauf auf den Berg. Von dort konnte er

die ganze Welt sehen und zugleich seine Pflanze behüten. So schnürten sie beide ihr Bündel, und ein jeder zog, unter dem Jammern und Wehklagen der besorgten Eltern, seiner Wege.
Tulio wollte zum Großen Meer. Auf seinem Weg dorthin schlief er unter feinen Damastdecken, im feuchten Stroh, mit schönen Mädchen und erfahrenen Frauen. Tulio war hungrig, nach allem, das nach Leben roch, und dieser Duft war nicht immer der feinste für die königliche Nase. In einer üblen Spelunke verlor er sein Geld; bei einem Kampf, Mann gegen Mann, einen Zahn.
Trotz alledem, das Samenkorn und dessen Geheimnis vergaß er nicht, und je mehr er darüber nachdachte, desto stärker spürte er eine seltsame Vertrautheit, wie sie zwei alte Freunde kennen, die für die wirklich wichtigen Dinge keine Worte brauchen. Er wußte einfach, daß das Samenkorn ohne ihn keimen, die Pflanze aber nicht ohne sein Beisein blühen würde. Wenn es an der Zeit war, darauf vertraute er, würde er zurückkehren.
Schließlich gelangte er ans Große Meer und heuerte als Matrose bei einem Handelsschiff an. Tulio sog den salzigen Geruch des Meeres, wie den süßen Duft der Träume begierig ein. Er spürte jede Faser seines Körpers und war glücklich. Da konnte auch der derbe Hieb des Kapitäns, der ihm das Deck zu schrubben befahl, nichts daran ändern. So fuhr er hinaus in die Welt, um zu spüren, sehen, riechen, hören, schmecken.

Gantor wurde auf dem Berg nicht müde, sein Samenkorn zu hegen und zu pflegen. In jenen Momenten, die nicht mit der Sorge um das Korn ausgefüllt waren, sah er hinaus in die Welt und ließ seine Gedanken große Reisen unternehmen. So zog er über weite Ebenen, ritt durch endlose Täler, sprang in die Fluten des Meeres und tauchte an den Ufern neuer Kontinente wieder auf. Soviel gab es von seinem Berg aus zu sehen und zu erleben.
Aber das Wichtigste war das geduldige Warten auf den großen Moment, wenn die Blüte ihr Geheimnis für ihn offenbaren wür-

de, für ihn ganz allein. Als Gantor sah, daß der Keimling sich zaghaft durch die Erde nach draußen zu graben begann, beschloß er, seiner Pflanze einen würdigen Ort zum Blühen zu bauen. Voller Tatendrang begann er, die Steine den Hang hinunterzurollen, Platz zu schaffen.
Als er endlich damit fertig war, verfluchte er sein Tun, denn nun galt es Steine heraufzuschleppen, um aus ihnen die dicken Mauern zu bauen. Während er die schwere Arbeit verrichtete, sah er in seinen Gedanken bereits den Turm, der hier entstehen, und dessen Mittelpunkt seine Pflanze sein würde. Hoch würde er sein, uneinnehmbar. Er würde auf Fenster und Türen verzichten, auf die kleinste Ritze, damit keine Gefahr in sein Zuhause eindringen konnte.
So vergingen die Jahre. Gantor arbeitete hart, plante, baute und war stolz auf das, was entstand. Ein Turm, mit dicken Mauern, der Regen und Sturm trotzte. Er, seine Pflanze und damit das Geheimnis des Lebens, waren endlich in Sicherheit.
Zufrieden setzte sich Gantor auf die kleine Steinbank, die er für sich gebaut hatte, und auf der er jetzt in aller Ruhe auf den Moment des Blühens warten konnte. Er sah die Pflanze, die Mauern, die ihn und sein Kleinod umgaben, spürte die Sicherheit, die von ihnen ausging und konnte endlich vergessen, daß er auf einem hohen, viel zu stürmischen Gipfel lebte.
Die Zeit verging.
Gantor wartete.
Ein kleiner, feiger Gedanke nistete sich still, wie ein Dieb, in seinem Kopf ein. Gerade wenn er schlief, wenn die Atemzüge ruhig und gleichmäßig waren, die Träume tanzten, konnte er das Blühen versäumen! Irgendwann, in einer dieser Nächte, wachte er zum ersten Mal schweißgebadet auf und spürte, daß es nicht das letzte Mal gewesen sein würde.
Er begann, dieses karge Gewächs mit anderen, argwöhnischen Augen zu sehen. Wie es ihn warten ließ, demütig, wie einen Hund, der auf den abgenagten Knochen des Herrn wartete. In solchen Momenten glaubte er immer, eine kleine Knospe zu sehen, ein Vorbote, der Hoffnung gab, die bald darauf wieder zu Staub zerfiel. Aber die Möglichkeit ließ ihren Funken zu-

rück. Zu wenig, ein Feuer im Herzen zu entfachen, genug, um die Seele flüstern zu lassen.
Die Jahre zogen über das Land, versteckten ihre Erinnerungen in den Rinden der Bäume, in den Felsen der Berge, im Eis der Gletscher und im Perlmutt der Muscheln, die sie weitertrugen, zu neuen Ufern, neuen Epochen.

❡

Tulio hatte auf seinen Reisen geliebt, geweint und tausend Mal gelacht. Er war glücklich gewesen, als ihm Manamé, jene Frau, welche er von ganzem Herzen liebte, das Ja-Wort gab. War glücklich, als seine Tochter das Licht der Welt erblickte und traurig, als er seine Frau begrub.
Es kam der Tag, da stand Tulio einmal mehr an einem der unzähligen Orte, die schöner sind, als jeder vorangegangene. Wie er das bemerkte und sich den Bauch vor Lachen hielt, da spürte er, daß es an der Zeit war, zurückzukehren.
Er war alt geworden, sehr alt. Das Leben hatte es sich nicht nehmen lassen, seine Spuren im Gesicht zu hinterlassen. Es waren schöne Spuren, wichtige Spuren, die es sich in den Augenwinkeln bequem machten. Die Iris war kräftig und klar, voll der Farben, die sie in all den Jahren sehen durfte.

❡

Auch Gantor hatte Falten. Eine zerfurchte Stirn, harte Mundwinkel. Die Augen müde vom Warten, wann denn die Pflanze endlich blühen würde. Er kam sich betrogen vor. Mondragor war für ihn nichts weiter als ein Lügner, die Pflanze ein Trugbild. Sie dachte nicht daran zu blühen. Manchmal war er kurz davor, sie aus der Erde zu reißen. Es waren kurze Momente, die jedoch lange genug währten, um Gantor Angst zu machen. Er war dem Weg schon zu weit gefolgt, als daß es noch eine Kreuzung für ihn gab. Sie mußte einfach blühen!
„Blühe!“ schrie Gantor in diesen langen Nächten. „Blühe!!“ Er ballte die Fäuste, schlug wütend gegen die Mauern und weinte

vor Wut, bis sein Zorn sich zügelte. „Blühe. Bitte blühe.“
Und sie tat es.

¶

Es war die Nacht, in der Tulio zurückkehrte. Kein Gold, keine Diamanten im Gepäck, aber voller Gedanken, Geschichten und Gefühle. Er zog lachend durch die Straßen, hin zum Strand. Und jedem, dem er begegnete, erzählte er, weshalb er nach Hause gekommen war. Heute Nacht war die Nacht, an der seine Blüte das Geheimnis des Lebens offenbaren würde. Das spürte, nein, das wußte er, und jeder der wollte, durfte Zeuge sein.
Zuerst war es nur eine winzige Knospe. Aber es war soweit! Jeden Augenblick würde die Blüte ihr großes Geheimnis offenbaren. Ihm ganz allein! Dafür hatte er, Gantor, gelebt. Erste zarte Blätter, dünner als der Flügel eines Schmetterlings, aber tausend Mal schöner, entfalteten sich. Gantor stiegen Tränen in die Augen. Er konnte es nicht fassen. Ein Geheimnis, das ihm ganz allein gehörte! Er würde es wie einen Schatz bewahren.

¶

Soviel Schönheit, soviel Zärtlichkeit, soviel Vergänglichkeit. Tulio weinte. Mondragor hatte recht gehabt, die Blüte war das Geheimnis des Lebens. Ihr Blau erinnerte ihn an die Zeit, die er auf dem Meer verbracht hatte, ihr Braun an die kleine Hütte, in der er zusammen mit Manamé, seiner Frau, gelebt und das Grün, an die saftigen Wiesen, die es dort gegeben hatte. Ihr Schwarz erinnerte ihn an Manamés Tod, ihr Weiß an die Geburt seiner Tochter.
Die Menschen, die Tulio gefolgt waren, waren wie er berauscht von der Schönheit der Pflanze, doch sie spürten, daß da noch mehr war, was sich jedoch vor ihnen verbarg. So dankten sie Tulio lautlos und ließen den alten Mann allein.

¶

Die Sonne ging auf. Die Blüte verblaßte, trocknete aus und fiel ab. Gantor konnte es nicht fassen. Die ganze Nacht hatte er darauf gewartet, daß die Pflanze ihr Geheimnis offenbarte, doch nichts war geschehen. Nichts! Er nahm die tote Blüte, zerfetzte sie, haßte sie und war doch hilflos. Er schrie, schlug mit den Fäusten gegen die Mauern, stemmte sich dagegen. Er wollte hinaus, atmen, spüren, sehen. Aber er war ein guter und zuverlässiger Baumeister gewesen.

Tulio nahm die Blüte vorsichtig in seine Hand, strich sanft mit dem Finger darüber und verteilte die Blätter, zusammen mit dem Wind, am Strand. Er war glücklich und traurig zugleich. Glücklich, daß er die Blüte hatte sehen dürfen und traurig, daß er sie nie wieder sehen würde.
Er setzte sich in den warmen Sand, fand eine seltsam grün schillernde Muschel und beschloß, zum letzten Mal in seinem Leben, einen Turm auf und aus Sand zu bauen.

Roland Kübler

Traumsegel

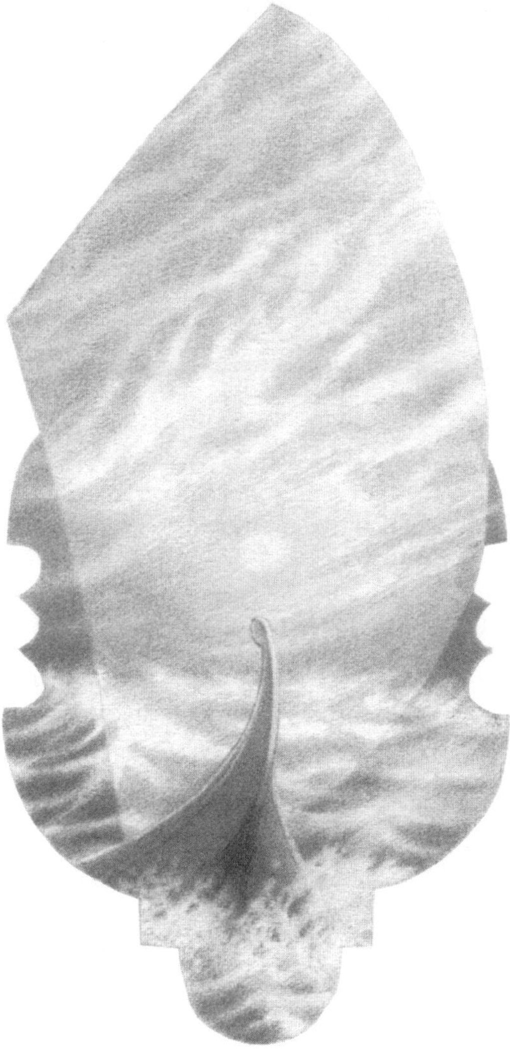

In einem fernen Land, in dem es durchaus nicht immer so gut war, wie in alten Märchen erzählt wird, und in dem doch die wunderbarsten Dinge so alltäglich waren, daß niemandem auch nur im geringsten auffiel, wie wunderbar all diese Dinge in Wirklichkeit sind, lebten ein Mann und eine Frau zusammen.
Das ist nun wahrlich nichts, über was sich ein Märchen erzählen ließe, sagt ihr.
Da muß ich euch recht geben.
Das wäre wahrlich nichts besonderes.
Was den beiden aber widerfuhr und wie es ihnen erging, das hört euch an und erst dann urteilt, ob ich nicht recht getan habe, die Geschichte für euch aufzuschreiben.

¶

Es war einmal, vor noch nicht allzu langer Zeit, daß ein Mann und eine Frau, die schon jahrelang mehr recht als schlecht miteinander verbracht hatten, eines Morgens gemeinsam aufwachten. Und das war wahrlich noch nie vorgekommen, solange die beiden das Lager teilten. Im selben winzigen Augenblick des unendlichen Sternentaktes hoben sie die Lider, um einen neuen Tag zu begrüßen.

Warum dies gerade an jenem Tag geschah, darüber ist viel gerätselt und geforscht worden. Doch uns hier soll das nicht interessieren. Wichtig für uns ist nur, daß beide plötzlich so erstaunt und ungläubig schauten wie wohl zuletzt als Kind, als sie zum ersten Mal erfahren durften, wie sich die Welt verändert, wenn es schneit.

„Du bist schuld!“ sagte die Frau.
„Äh“, sagte der Mann und schloß wieder die Augen.

Gerechterweise muß ich einfügen, daß dieser Mann immer ein wenig Schwierigkeiten hatte, wenn er morgens aufwachte, und die Sonne seinen Lieblingsplatz in der Küche noch nicht erwärmt hatte.

Aber welcher vernünftig denkende Mensch hätte diese Schwierigkeiten nicht?

Die Frau schlug die Decke zur Seite und ging aus dem Zimmer. Der Mann hielt die Augen geschlossen und dachte über diesen Satz nach.
Aber so sehr er sich auch mühte, er verstand ihn nicht. Also öffnete er nach einiger Zeit die Augen und ließ sie starr und weit aufgerissen, bis sie schmerzten. Dann preßte er die Lider wieder zusammen, aber das Bild, das er gesehen hatte, blieb in seinem Kopf und verschwand nicht.
Es war alles, wie es sein sollte. Der Schrank war ein Schrank und stand dort, wo der Schrank zu stehen hatte, weil er da schon immer stand. Der Stuhl war ein Stuhl und stand dort, wo der Stuhl zu stehen hatte, weil er da schon immer stand. Das Bild war immer noch ein Bild und hing da, wo es zu hängen hatte, weil es da schon immer hing – aber etwas war anders mit Bild, Stuhl und Schrank. Etwas war so, wie es nicht sein sollte und nicht sein durfte.
Der Mann stürzte aus dem Bett. Er wollte zum Spiegel, wollte sehen, was er nicht glauben konnte.
Tatsächlich!
Grau und fahl starrte ihm sein Antlitz daraus entgegen. Alle Farbe war aus seinem Gesicht gewichen.
Aus seinem Gesicht?
Nein!
Alles was er sah war grau in grau.
Entweder hatten sämtliche Farben über Nacht die Welt verlassen, oder aber er war farbenblind geworden!
Wenn er sich jedoch recht erinnerte, hatte seine Frau ihr gemeinsames Nachtlager mit dem Satz verlassen: „Du bist schuld!“
Weshalb sollte er an seiner eigenen Farbenblindheit schuld sein? Verwirrt und aufgebracht hastete er in die Küche. Dort saß seine Frau vor einer Tasse dampfenden Tees und grummelte mit halb geschlossenen Augen vor sich hin.
„Ich sehe keine Farben mehr!“ stammelte der Mann.

Die Frau schien ihn überhaupt nicht zu bemerken.
„Hörst du nicht?“ Er packte sie bei der Schulter und schüttelte sie aufgebracht.
„Du bist schuld!“ stellte die Frau fest und wischte die Hand des Mannes von ihrer Schulter, als ob sie ein Staubtuch schwingen würde.
Dem Mann hatte es den Atem verschlagen. Seufzend ließ er sich auf seinen Lieblingsstuhl fallen, den zu allem Ärger die Morgensonne noch nicht erwärmt hatte.
Und dann sagte seine Frau zu ihm: „Ich habe geahnt, daß es eines Tages so kommen muß. Jetzt hast du mir auch noch die allerletzten Farben genommen!“
Heute war wahrlich nicht sein Tag. Der Mann saß gekrümmt wie ein fassungsloses Fragezeichen und suchte fieberhaft nach Worten, irgendwelchen, und seien es die einfachsten. Aber nicht ein einziges wollte ihm einfallen.
„Aber ich...“, stotterte er schließlich. Doch seine Frau unterbrach ihn: „Ich hätte es wissen müssen, schon damals, als wir uns kennenlernten!“
„Aber ich...“, versuchte es der Mann noch einmal.
„Ich gehe!“ sagte die Frau in einem Ton, der all das Grau, welches die beiden in der einstmals buntgeschmückten und bemalten Küche wie schmutziger Nebel umfing, noch ein wenig grauer, trister und lebloser werden ließ.

¶

So grau wie dieser Tag begonnen hatte, mühte er sich über den Mittag in den Abend. Die zwei gingen mit verkniffenen Gesichtern irgendwelchen unaufschiebbaren, wichtigen Alltagsgeschäftchen nach und vermieden es, sich anzusehen oder gar miteinander zu reden. Müde kroch der Mann am Abend unter seine Decke.
Da er am nächsten Morgen früh aufstehen wollte, aber mit dem Aufwachen immer so seine Schwierigkeiten hatte, legte er seiner Frau, die noch in der Küche werkelte, einen kleinen Zettel auf das Kissen.

„Weck mich morgen, wenn die Sonne aufgegangen ist."
Dann drehte er sich zur Seite und versuchte, so schnell als möglich einzuschlafen.
Als er am Morgen erwachte, war die Sonne schon weit in den Himmel gestiegen. Ärgerlich drehte er sich zur Seite. Seine Frau lag nicht neben ihm, aber er fand ein Blatt Papier auf ihrem Kissen: „Steh auf! Die Sonne ist aufgegangen!"

¶

Amru streckte die Zunge noch ein wenig weiter heraus, obwohl er schon am Würgen war.
„So ist es gut", sagte Schmeldik, einer der vielen in der Stadt, die ein Bild der Sonne über ihrer Tür befestigt hatten, um zu zeigen, daß sie sich auf irgendeine der unterschiedlichsten Methoden der Heilkunst verstehen. Mit einem metallenen Stab drückte er die Zunge des Mannes nach unten und spähte in dessen Schlund, wie ein Specht in eine eben aufgepochte alte Eiche.
„Mhm", nickte der Heiler vieldeutend und schob Amrus Zunge zur Seite. „Mhm! Das sieht nicht gut aus!"
Kopfschüttelnd neigte sich Schmeldik über einige in Ehren verschmuddelte Folianten und blätterte bedeutungsschwanger hin und her und her und hin.
„Gar nicht gut!" bekräftigte er und wandte sich wieder Amru zu. „Eure Zunge ist belegt. „Das ist ein sehr schlechtes Zeichen!"
Der Wein des Brunnenwirtes war schlecht gestern abend, dachte Amru. Daher rührt der Belag. Die Zunge des Brunnenwirtes

sollte man mit einer Rasierklinge abschaben, daß er nie wieder auf den Gedanken kommt, solch einen Fusel auszuschenken.
Endlich hatte Schmeldik seine Untersuchungen abgeschlossen und bat Amru mit ernster Stimme, in einem breitgepolsterten Ledersessel Platz zu nehmen.
Trau nie einem Mann, der seinem eigenen Hosenknopf so sehr mißtraut, daß er ihn mit Gürtel und Hosenträgern sichert! schoß es Amru durch den Kopf, als Schmeldik vor ihm stand.
„Ich will Euch nichts vormachen“, sagte dieser und musterte dabei mit Interesse seine Fingernägel. „Wir stehen vor einem ernsten Problem!“ Er polierte einen Nagel am Kragen seines Hemdes. „Ich nehme an, die Überfülle in Eurem Kopf ist für all dies verantwortlich. Abhilfe könnte ein kleines Löchlein schaffen, welches ich mit Hilfe dieses, von mir selbst konstruierten, einmaligen Gerätes . . .“, Amrus Augen wurden größer und größer, während Schmeldik in der Schublade eines kleinen Schränkchens kramte, „. . . fast ohne daß Ihr es merkt, fertigen könnte.“
Doch Amru wollte nichts von Löchern in seinem Kopf wissen und verließ leise den Raum.

¶

„Oh, ooh. Oooh. Oh! Gar nicht gut. Überhaupt nicht gut. Kein bißchen gut! Eher schlecht!“ Smirna, eine der vielen Heilerinnen der Stadt mit dem Zeichen des Mondes an ihrem Haus, schüttelte betrübt das früh ergraute Haupt. Emra schloß erschöpft die Augen. Hatte sie wirklich anderes erwartet?
„Und seit wann“, fragte Smirna mit einfühlsamer Stimme, „seit wann haben wir diese Beschwerden?“
„Wir“, dachte Emra im ersten Moment. „Wir? Dusslige Kuh!“ Doch dann sammelte sie ihre Gedanken.
„Also wirklich schlimm wurde es gestern morgen“, gab sie Auskunft.
„Das heißt also, daß Ihr auch schon zuvor Beschwerden verspürtet!“ stellte Smirna mit gewichtigem Unterton fest.
Emra nickte. Was sollte sie auch sagen? Schon seit einigen Mo-

naten hatte sie bemerkt, wie die Sehkraft ihrer Augen immer weiter nachgelassen hatte. Allerdings war dies alles sehr eigenartig gewesen. Die erste Veränderung hatte sie eines Morgens beim Aufschütteln des gemeinsamen Nachtlagers gespürt. Die Farben der Decken und Kissen schienen seltsam verblaßt. Emra hatte dies auf die mangelnde Färbung des Stoffes geschoben. Doch auch die prächtig blühenden Pflanzen in ihrem Garten hatten nach und nach die Farben verloren, obwohl Emra sie goß, düngte, den Boden harkte und das Unkraut jätete. Amru hatte zu all dem nichts gesagt. Also hatte auch sie geschwiegen.
„Der Mond“, flüsterte die Heilerin geheimnisvoll. „Ihr habt den Mond mißachtet! Es ist ganz eindeutig!“
Mit einer beiläufigen Handbewegung bedeutete sie Emra, daß sie sich ankleiden könne.
„Öffnet Euch wieder dem Mond, vertraut ihm und vertraut vor allem mir. Kommt an jedem zweiten Tag der Woche zu mir. Mit einem Kreis gleichgesinnter Frauen singen wir dem Mond die Lieder, welche ich komponierte. Sie werden Euch heilen!“
„Der Mond“, seufzte Emra leise, „auch dessen Farben hat er mir genommen!“
„. . . und daß Ihr mir morgen wiederkommt, um Eure Medizin abzuholen, die ich für Euch bereiten werde“, stand die Heilerin mit erhobenem Zeigefinger vor ihr. „Darum müssen wir uns wirklich sofort kümmern. Das kann keinen Aufschub vertragen. Aber wir werden das schon wieder richten!“
Emra stand auf und kehrte Smirna wortlos den Rücken.

¶

Es war kalt in der Küche, und über das Verschwinden der Farben hatten die beiden noch kein Wort miteinander gesprochen. Ansonsten hatten sie allerdings auch noch nicht miteinander gesprochen.
Mit finsterem Blick versuchte Emra das Feuer im Herd neu zu entfachen. Als sie in die aufglimmende Glut blies, wirbelte ein Rest alter Asche auf. Sie hustete.

„Muß ich mich denn wirklich um alles kümmern?" grummelte sie mißmutig vor sich hin.
„Blas nicht so kräftig, dann mußt du dir nicht ständig das Gesicht waschen, wenn du Feuer machst!" stellte Amru fest, ohne aufzusehen.
„Auf solche Ratschläge kann ich wohl verzichten", keifte Emra. „Ich bin ja selbst schuld! Schon damals habe ich es gewußt, aber ich habe nicht auf die warnende Stimme in mir gehört! Wie sollte auch jemand, der so gelebt hat, sich ändern können? Was habe ich denn anderes erwartet?"
Dann holte sie tief Luft, wandte sich ihrem Mann zu und fuhr ihn an: „Ich weiß nicht, wie du das wieder fertiggebracht hast. Aber sei dir sicher, ich laß mir meine Farben nicht nehmen! Und schon gar nicht von dir!"
Amru war mit jedem Satz ein wenig tiefer in seinem Stuhl zusammengesunken. Doch jetzt richtete er sich wieder auf. „Du hast wirklich nichts dazugelernt in all den Jahren!" wetterte er. „Noch immer redest du, bevor du denkst. Und wenn dir etwas unerklärlich ist, dann kann natürlich nur ein anderer daran schuld sein!"
Amru stand auf, ging in die Speisekammer, füllte einen Korb und zog seinen Mantel über.
„Erwachsensein beginnt, wenn die Schuld nicht immer nur bei anderen liegt", sagte er grimmig und schlug die Tür heftig hinter sich ins Schloß.

❡

Einst war dieser Hügel über der Bucht, in welche sich der Hafen der Stadt schmiegte, ein Heiligtum für Amru und Emra gewesen. Denn hier auf diesem Hügel hatten die beiden sich vor langen Jahren kennengelernt. In Nächten voll weichen warmen Mondlichtes und sonnendurchfluteten Tagen. Diese Zeit war schon längst vergangen. Dennoch zog es Amru am heutigen Abend an jenen schon fast vergessenen und doch so vertrauten Platz. Er mußte nachdenken und zwar dringend. Schon immer hatte er all diejenigen beneidet, die keine Zeit brauch-

ten, um über Wichtiges oder weniger Wichtiges nachzudenken und sofort eine anscheinend sichere Meinung von sich geben konnten. Zu allem Ärger selbst dann, wenn sie überhaupt nicht gefragt worden waren.
Amru brauchte Zeit.
Also hatte er sich einen Krug Wein genommen *(den er nicht beim Brunnenwirt gekauft hatte)*, ausreichend Vesper, seine Lieblingspfeife und sich auf den Weg zum Hügel vor der Stadt gemacht. Der Himmel war düster und bewölkt. Ein grauer Tag, auch für all diejenigen, welche noch alle Farben der Welt sehen konnten, neigte sich langsam aber unaufhaltsam seinem Ende entgegen. Lange Stunden saß Amru fast unbeweglich, starrte hinunter in den Hafen, in welchem auch sein Schiff vertäut war und versuchte zu begreifen, was denn geschehen sein könnte.

¶

Emra verharrte auf ihrem Weg und ihre Augen trauerten, als sie im nächtlichen Himmel nach dem Schein des Mondes suchte. Schwarz und grau und grau und schwarz, mehr konnte sie nicht unterscheiden. Es mußte eine heimtückische Krankheit sein, mit der ihr Mann sie da angesteckt hatte.
Plötzlich stockte ihr Schritt. Oben auf dem Hügel leuchtete kurz ein kleines Rund heftig auf. Zunächst erschrak Emra, doch dann wurde sie wütend. Gerade an dem Platz, den sie sich ausgesucht hatte für diese Nacht, schien jemand zu sitzen und Pfeife zu rauchen. Und wenn sie sich die Schattengestalt genauer ansah, Emra schnüffelte ein wenig, und diesen scheußlichen Knaster roch, konnte da oben eigentlich nur Amru, ihr Mann, sitzen. Emra blieb nur kurz stehen, dann stemmte sie die Fäuste in die Hüften und ging weiter. Dies war schließlich ihr Lieblingsplatz, und den gedachte sie sich von niemandem, und erst recht nicht von ihrem Mann, wegnehmen zu lassen.
„Dein Tabak stinkt, als wolltest du die Nacht erschrecken!" sagte sie und blieb neben Amru stehen. Der zuckte zusammen, erkannte seine Frau, schaute zu ihr hoch und dann auf seine Pfeife.
„Mir schmeckt er!" stellte er fest und nahm einen tiefen Zug.

Er schloß die Augen, während er den Rauch wieder ausstieß.
„Also!?“ Emra hatte sich nicht bewegt.
„Was also?“ wollte ihr Mann wissen und öffnete wieder die Augen.
„Machst du sie nun endlich aus?“
Liebevoll bettete Amru den warmen Pfeifenkopf in seine Handfläche. Mit einem Finger strich er gedankenverloren über das Mundstück, als er sie emporhob.
„Ich denke nicht daran!“ stellte er fest, ohne seine Stimme zu erheben.
Wieder nahm er einen tiefen, genußvollen Zug.
Das macht er nur, um mich zu ärgern, begann es in Emra zu brodeln.
Da sagte Amru leise: „Auch ich sehe keine Farben mehr. Heute morgen war ich bei einem Heiler, der wollte mir allen Ernstes ein Loch in den Kopf bohren!“
Emra ließ ein wenig Luft zwischen den Lippen entweichen.
„Auf diese Idee hätte ich eigentlich schon vor Jahren kommen können“, murmelte sie und setzte sich neben ihren Mann. „Hast du noch etwas zu essen für mich?“ fragte sie.
Amru nickte und kramte in dem Korb.
„Käse?“ sagte sie vorwurfsvoll. „Du weißt doch genau, daß ich keinen Käse mag!“
„Habe ich dich vielleicht eingeladen, mit mir zu essen?“ brummte Amru und hüllte sich in eine gewaltige Wolke Rauch. Dann legte er den Käse zurück in den Korb und griff nach dem Weinkrug.
Weit entfernt, in einer dunkelsamtenen Falte des nächtlichen Vorhangs, sichelte ein schmaler Mond über den Horizont.
„Der Mond“, hauchte Emra.
Mißmutig blickte Amru hinüber. „Ein grauer Fleck, der aussieht wie eine schimmelübersäte Banane!“
„Aber nein“, widersprach Emra. „Na ja, er ist ein wenig blaß geworden, aber ich weiß, wie er aussieht!“
„Na, dann beschreib ihn mir doch mal“, forderte sie ihr Mann auf.
„Nun, in der Mitte der Sichel glänzt er goldgelb wie reifer Sommerweizen, und zu den Spitzen hin leuchtet er in reinem Silber . . .“.
„Du sollst mir sagen, was du wirklich siehst, nicht was du gerne sehen würdest“, unterbrach sie Amru barsch.

„Ich sage, was ich sehe!“ fuhr Emra auf. „Wenn dir das nicht paßt, dann hör doch weg. Gib mir was zu essen!“
Amru brach ein Stück Brot, legte den Käse darauf und reichte es Emra. Die nahm es, biß ab, kaute mit vollen Wangen und schaute wehmütig in den Nachthimmel.
„Mhm“, sagte sie dann.
Amru schloß die Augen und legte den Kopf auf die Knie, als seine Frau weitersprach.
„Er steht am Himmel wie ein weitgeöffneter großer Mund, der dem Weltall seinen Atem einbläst und . . .“
. . . und dann erzählte sie von den Tälern der Sehnsucht auf dem Mond und den Hügeln der Wandlungen, von Ebenen voller Sternenstaub und vom Gesang der magischen Mondsteine, von denen es allerdings nur noch wenige gibt.
Amru saß, schwieg und hielt die Augen geschlossen.
„Schläfst du schon?“ Emra knuffte ihren Mann in die Seite.
„Autsch!“ fuhr dieser hoch. „Jetzt hast du mich gestört, und ich kann ihn nicht mehr sehen!“
„Was? Wie? Wen?“ Erstaunt sah sich Emra um.
„Den Mond“, bekam sie Antwort. „Ich habe mit geschlossenen Augen den Mond gesehen, und er leuchtete in goldenem Schimmer.“
„Sag ich doch“, lachte Emra.
Aber als beide in den Nachthimmel schauten, hing da nur eine schimmelübersäte Banane krumm und schief über dem Horizont.

„Weißt du noch“, begann Amru nach langem bedrücktem Schweigen, und Emra nickte.
„Weshalb nickst du?“ fuhr er sie an.
„Na, weil ich schon noch weiß!“ antwortete sie.
„Nichts habe ich gesagt, bis jetzt!“ Amru zog so heftig an der Pfeife, daß sie unangenehm heiß in seiner Hand lag.
„Weshalb wolltest du eigentlich vor all den Jahren, daß ich in dein Haus ziehe?“
Seine Frau schoß in die Höhe, als habe sie ein ausgehungertes Rudel Flöhe überfallen.

„Ich?“ schrie sie. „Du wolltest doch unbedingt bei mir wohnen. Aber das kann ich gut verstehen. In deiner nach Fisch stinkenden Hütte, die ständig aussah wie ein morgenländischer Basar nach Geschäftsschluß, hätte ich auch nicht länger leben wollen.“
„Ich schon“, murmelte Amru versonnen. „Ich schon. Damals war der Mond noch so, wie du ihn eben beschrieben hast, und das Meer, das Meer. . .“, seine Stimme brach heiser ab.
„Erzähl mir, wie es damals für dich war“, forderte Emra ihn auf. „Nun komm schon.“
Mißtrauisch, wie ein alter, mit allen Wassern der sieben Weltmeere gewaschener Seebär, gehorchte Amru seiner Frau. Er erzählte von Wellen und Wind und geifernder Gischt.

Vom unbeschreiblich großen Schweigen des Meeres und was während dieses Schweigens gehört wird von dem, der das Schweigen hören kann, und von der warmen, weichen Dünung, die im Abendlicht gemächlich über weiße Strände rollt. Er sprach von den ewig suchenden Wellen ohne Wiederkehr, von den kleinen Schaumkronen, die sie mit sich führen und von den geheimnisvollen Inseln der Glückseligkeit, die scheinbar ohne Sinn und Ziel über die Meere treiben.
„Welche Krankheit hat uns in ihrem Griff?“ murmelte Emra versonnen. „Was ist geschehen mit uns?“
Amru hielt sich die Schläfen und schüttelte niedergeschlagen den Kopf. „Ich weiß es nicht“, brummte er vor sich hin. „Ich weiß es nicht.“
So saßen die beiden und schwiegen in die Nacht hinaus, bis schließlich die Dämmerung den neuen Morgen ankündigte. Weit draußen am Horizont zogen einige wenige kleine Wolken auf. Weißgeflockte Schäfchen ohne Hirte auf der Weide der Unendlichkeit. Zart kräuselte sich das morgendliche Meer im frühen Dunst.
Amru hob den Kopf und schnüffelte wie ein junger Hund, dem ein vorüberhuschender Windhauch die Ahnung eines vertrauten Geruches zugetragen hat.
„Es wird Sturm geben“, stellte er fest.
„Red doch nicht“, entgegnete seine Frau. „Fast alle Wolken haben sich verzogen. Die Sonne strahlt und das Meer ist voller Frieden!“
„Noch“, sagte ihr Mann und stand auf. „Ich schaue nach dem Schiff.“
Früher hieß das noch unser Schiff, dachte Emra und sah ihm nach, wie er den Hügel hinab zum Hafen ging.

❡

Als Amru am Nachmittag zurück ins Haus kam, begannen sich unheilverkündende Wolkenberge am Horizont aufzutürmen und über den Himmel zu jagen. Eine erste Sturmbö fauchte um die Schutzmauern des Hafens. In den Wanten der Fischerboote begann es zu singen, lose Tauenden schlugen dazu einen dumpfen Takt. Große Wellen drückten in den Hafen wie eine hungrige Schweineherde in

den heimatlichen Stall. Die Boote begannen sich zu wiegen, hoben und senkten sich ächzend.
Ein greller Blitz zerriß den dunklen Himmel. Einen langen Atemzug herrschte angespannte Stille in diesem Teil der Welt. Dann erschütterten gewaltige Donnerschläge Bucht und Boote, Häuser und die Herzen der Menschen, die der Nacht entgegenbangten.

❡

Ruhelos war Amru die letzten Stunden von einem Zimmer ins andere gegangen. Kaum hatte er sich einmal auf seinen Lieblingsplatz in der Küche gesetzt. Der Wind rüttelte im Gebälk, fuhr johlend unter lockere Ziegel, heulte und pfiff um den Kamin. Die Bäume im Garten lagen krumm und schief im Sturm. Gischtflocken wirbelten bis weit ins Land hinein, und immer häufiger war durch das Getöse des Unwetters ein gequälter, langgezogener Ton zu vernehmen.
Amru war in die Küche gekommen, eingemummt in seine schwerste Arbeitskleidung wie ein mitternächtlicher Geist. Er kramte in allerlei Schränken und Schubladen, entnahm hier etwas und da.
„Schnell, zieh dir warme Kleidung über und nimm Essen und Trinken mit! Wir müssen das Schiff aus dem Hafen bringen!" sagte er und wollte aus der Tür stürzen.
„Was?" schrie Emra fassungslos und packte ihren Mann an der Schulter. „Bist du nun von allen guten Geistern verlassen? Wenn dir der Heiler nur das Loch in den Kopf gebohrt hätte! Weshalb willst du auslaufen bei diesem Sturm?"
„Hörst du nicht?" fuhr er sie an. Wieder übertönten kreischend klagende Laute das Toben von Wind und Wellen. „Das sind die Schiffe im Hafen!"
„Keine zehn Ackergäule bringen mich in solch einer Nacht vor mein Haus, geschweige denn auf ein Schiff!" Emra fröstelte.
Der Mut der Verzweiflung weitete Amrus Augen. „Dann muß ich es alleine versuchen!" Der Sturm brach tosend in das kleine Haus, als er hastig die Tür öffnete, um sich dem nächtlichen Unwetter entgegenzustemmen.

❡

Amru war nicht der einzige Fischer des Dorfes, welcher in den Hafen geeilt war. Überall zurrten die Männer Taue und Trossen fest, überprüften Knoten, Ankerketten und Masten. Doch keiner von ihnen dachte wie Amru daran, sein Schiff zum Auslaufen bereitzumachen. Dieser jedoch spürte, was geschehen würde. Solch einen Sturm hatte er Zeit seines Lebens nicht erlebt. Geifernde Gischt tobte durch die Luft, die aufgepeitschte Dünung brach immer öfter hoch über die Hafenmauer und rüttelte an den aufgeschichteten Felsbrocken. Es konnte nur noch eine Frage der Zeit sein, bis das brüllende Meer sich einen Weg durch die Mole geschlagen hatte, um im Hafen zu wüten wie ein Fuchs im Hühnerstall. Amru schrie den anderen zu, ihre Schiffe zu retten, doch keiner hörte auf ihn. Sie standen gegen den Sturm geduckt und sahen zu, wie er sein Ruder festzurrte, um dann sein kleinstes und stärkstes Segel vorzubereiten. Wie ein Wildpferd, das zum ersten Mal den Druck des Sattels spürt, bockte das Schiff. Stöhnend richtete es sich auf, krachend brach es wieder ins Wasser. Amru konnte sich kaum halten, als er nach vorne kroch.
„Nun komm schon“, knurrte er immer wieder, als rede er mit seinem Schiff. „Komm schon! Wir schaffen das!“ Aber er wußte wohl, wie gefährlich und schwierig es für ihn werden würde, alleine, gegen den Sturm, aus dem Hafen zu kommen.
Endlich hatte er das kleine Segel befestigt. Mit dem Tau in der Hand, hangelte er sich zurück ans Ruder. Wenn es ihm nicht gelang, das Segel zu setzen und gleichzeitig mit aller Kraft das Ruder der Gewalt des Sturmes entgegenzustemmen, würde es hier im Hafen reichlich Kleinholz geben. Andererseits, Amru sah hinüber zur Mole, noch vor der Morgendämmerung, da war er sich sicher, würde von diesem Hafen und seinen Schiffen nicht mehr viel zu sehen sein. Mit klammen Fingern machte er sich daran, den Knoten, mit welchem das Ruder festgezurrt war, zu lösen.
„Gib mir das Seil!“ befahl eine wohlvertraute Stimme hinter Amru. Der richtete sich auf und schaute sich um.
„Das ist kein Seil, das ist ein Tau. Außerdem hast du vergessen, dich richtig anzuziehen“, sagte er dann.
Emra drückte sich an ihm vorbei und warf ein dickes Bündel in die Kajüte.

„Was hast du da wieder mitgebracht?" schimpfte Amru. „Lauter unnötiges Zeug!"
Emra schwieg, kroch aufs Vorschiff und zerrte das Tau hinter sich her. Amru umklammerte mit beiden Händen das Ruder.
„Jetzt?" schrie sie.
Amru nickte und Emra zog wie selten in ihrem Leben. Obwohl das Segel kleiner als die Decke für ihr Nachtlager war, konnte sie es im Sturm kaum halten. Sie fühlte, wie das Schiff Fahrt aufnahm. Ein gewaltiger Rums ließ sie taumeln. Sie mußten jemanden gerammt haben.
„Hol über!" brüllte Amru. „Schnell! Hol über!"
Schon krallte sich der Sturm in die andere Seite des Segels.
Amrus Knöchel waren weiß. Der Regen schlug ihm ins Gesicht.
„Hol über!" brüllte er wieder und stemmte sich gegen das Ruder.
Und kaum hatte Emra dies vollbracht, hörte sie seine Stimme wieder: „Hol über! Schnell! Schnell!"
Wie ein schnurzbetrunkener Fischer nach langer Nacht aus einer Kneipe taumelt, kreuzte das Schiff aus dem kleinen Hafen. Als sie die Mole endlich hinter sich gelassen hatten und Emra zurücksah, da wußte sie, daß ihr Mann recht behalten würde. Die Schutzmauer war schon an vielen Stellen unter den tosenden Schlägen der Brandung geborsten.
„Schlaf nicht ein!" wurde Emra wieder in die Wirklichkeit zurückgerissen. „Hol über!"

¶

Für die beiden wurde diese Nacht im Sturm zur längsten Nacht ihres Leben *(ausgenommen vielleicht die Nacht, in der sie beschlossen hatten, den Rest ihrer Lebensreise miteinander zu gehen).*
Zweimal riß das Segel. Zweimal konnte es Emra mühsam, von Wind, Wellen und Sturm bedroht, notdürftig wieder flicken. Doch dann zerschlug eine riesige, sich überschlagende Woge das Ruderblatt und das Schiff war steuerlos. Erbarmungslos schlug die Macht des Unwetters nun auf Amru und Emra ein. Das Schiff rollte, krängte, schlug auf die Wellen und stöhnte ächzend auf in Todesangst.

Amru keuchte vor Anstrengung, während er alle Taue, die er in der Eile finden konnte, miteinander verknotete. „Was ist in dem Bündel?“ wollte er wissen. Aber noch bevor Emra antworten konnte, hatte er es festgebunden und alles, bis auf zwei Tauenden, die er in seinen Händen hielt, über Bord geworfen.
„Nein!“ Emra stöhnte. „Doch nicht das!“
„Es muß sein!“ schrie Amru gegen den Wind. „Komm schnell! Du mußt mir helfen! Nur damit können wir jetzt noch steuern!“
Fußbreite um Fußbreite wurde Amru von der Last, welche er hinter dem Schiff herzuschleppen versuchte, vom Schiff gezogen. Hastig nahm Emra ihm eines der Taue ab.
„Zieh!“ brüllte Amru plötzlich mit weit aufgerissenen Augen.
„Warum?“ schrie Emra gegen das Tosen des Windes zurück.
„Frag nicht! Zieh!“ An Amrus Stimme und dem brausenden Herannahen sich überschlagender Wellen hörte sie, daß es wirklich nichts zu erklären gab, sondern nur zu tun.
Emra zog.

¶

Der Morgen suchte sich nur zögernd seinen Weg durch das tosende Brüllen der Nacht. Wie ein geprügelter Hund kam die Dämmerung, fahl geduckt im grauen Pelz, über den Horizont gekrochen. Emra lag lang ausgestreckt auf dem Kajütenboden und schlief den tiefen Schlaf völliger Erschöpfung. Wenn jetzt diese Welt untergehen würde, sie würde erst danach erwachen, um verwundert zu fragen, was denn nun das wieder solle? Das Sturmsegel knatterte prall gefüllt. Amru stand im Heck und hielt Ausschau. Das Schiff lief vor dem Wind einen

gleichmäßigen Kurs. Der Bug zerschnitt die Wellen wie ein scharfes Messer.
„Was. . .?“ Emra schreckte aus dem Schlaf. „Ich hab dir doch gesagt, du sollst mich wecken, wenn du mich brauchst!“
„Du siehst doch, es war nicht nötig.“ Amru grinste sie an.
Gähnend wuschelte sich Emra den Schlaf aus den Haaren, wischte sich die Salzkristalle aus den Augen und sah die beiden Taue links und rechts des Schiffes sorgsam festgeknotet. Noch immer riß der Wind die Schaumkronen der Wellen mit sich, noch immer brachen die Wellenkämme und noch immer stampfte und rollte das Schiff in der aufgebrachten See. So angespannt Emra auch spähte, Land konnte sie nirgendwo ausmachen.
Und auch die Farben waren nicht zurückgekehrt in ihre Welt.
Doch sie hatten dem Sturm getrotzt. Nicht ohne Schäden, sicher, aber sie lebten und das Schiff auch. „Wo sind wir?“ fragte sie und ihre Stimme zitterte ein wenig.
Amrus Grinsen verflog. „Keine Ahnung“, sagte er.
„Wohin steuern wir dann?“ wollte Emra wissen.
„Ich weiß es nicht“, antwortete Amru. „Doch solange dieser Sturm uns in seinem Griff hat, bin ich froh, kein Land zu sehen. Auf diesem Kurs nimmt das Schiff keinen Schaden. Alles weitere wird sich zeigen, wenn es an der Zeit ist.“

¶

Erst am späten Mittag schlief der Wind endlich ein. Nebelfetzen strichen wie böse Ahnungen über das Meer. Am Mast flappte lustlos das Segel. Längst schon hatten sie die Taue und das große Bündel, welches Emra mitgebracht hatte, wieder auf das Schiff gezogen. In dieser Flaute gab es nichts zu steuern.
Amru war unter das Schiff getaucht und hatte das Ruderblatt notdürftig gerichtet. Nun saß er auf dem Vordeck und starrte voraus. Rings um sie war es totenstill.
Emra gefiel das alles überhaupt nicht. In welche Gewässer hatte der Sturm das Schiff getrieben? Wie weit entfernt waren sie vom sicheren Land? Gab es hier vielleicht Untiefen, verborgene Riffe, gefährliche Strömungen? Und nun auch noch dieser Nebel, der dich-

ter und dicker das behäbig rollende Schiff umfaßte und die Welt um sie herum verschluckte.
Nur selten noch konnte Emra den schmalen Sichelschein des von Wolkenfetzen umjagten, in Nebelbänken ertrinkenden Mondes erkennen. Fröstelnd zog sie die Schultern hoch. Amrus erstaunter Aufschrei unterbrach ihre Gedanken. Keine fünf Bootslängen entfernt war der düstere Schatten eines kieloben schwimmenden Wracks aus dem Nebel aufgetaucht. Kaum war dieses wieder im Nebel verschwunden, entdeckte Emra ein zweites Schiff, das mit gebrochenem Mast und zerstörten Aufbauten dicht neben ihnen vorbeitrieb.
„Die See der verlorenen Schiffe", murmelte Amru ungläubig und erstaunt. „Ich habe das für Seemannsgarn gehalten."
„Was?" verlangte Emra zu wissen.
„Die See der verlorenen Schiffe ist der Ort, wohin es alle Schiffe verschlägt, bevor sie endgültig von der stummen Tiefe verschlungen werden.
„Nun erzähl schon!" drängte Emra. „Was soll das heißen?"
Amru wühlte in den Taschen seiner Jacke. Endlich hatte er die Pfeife gefunden. Umständlich entzündete er sie, preßte mit dem schwieligen Daumen den Tabak fest und umhüllte sich mit einer dichten Rauchwolke.
Emra konnte ihre Ungeduld kaum noch zähmen, als Amru endlich zu sprechen begann: „All die Wracks, die hier treiben", er deutete mit einer weiten Handbewegung um sich, „waren gute Schiffe, damals, als sie aus starken Planken gefertigt wurden. Starke Schiffe, sichere Schiffe, stolze Schiffe. Doch das Meer hat sie sich trotzdem zu sich geholt."
„Aber warum?" wollte Emra wissen.
„Dafür gibt es tausend und einen Grund", erklärte Amru. „Manche Schiffe werden von ihrer Besatzung verlassen bei einem Sturm. Andere sind nicht ausgerüstet für eine lange Fahrt, oder die Menschen darauf wissen nicht, was das Meer ihnen abverlangt. Sie steuern einen falschen Kurs, werden von Brechern zerschmettert, zerschellen an Klippen oder reißen sich den Bauch an einem Riff auf. Sie alle werden hierher verschlagen, in die See der verlorenen Schiffe."

„Und weshalb sind dann wir hier gelandet?" begehrte Emra auf.
„Ich weiß es nicht!" sagte Amru. „Die Geschichte erzählt weiter, daß die verlassenen Schiffe hier im Nebel treiben, wie seelenlose Körper, die nicht zur Ruhe kommen und keine Heimat finden. Sie geistern umher ohne Sinn und ohne Ziel, eine kleine Ewigkeit lang, bis sie verrottet sind. Meist jedoch zerschellen sie schon lang zuvor an einem der zahlreichen Riffe, oder sie werden vom erbarmungslosen Griff des Packeises zerquetscht. Dann sinken sie hinab auf den Meeresgrund. Doch auch dort finden sie keine Ruhe. Seeungeheuer nisten darin, Klabautermänner treiben ihre üblen Scherze mit ihnen, und Sägefische schärfen daran ihre Waffe. Nur wenige, so endet die Sage, besitzen die Kraft, noch einmal wieder emporzusteigen, um es ein letztes Mal mit Wind und Wellen zu versuchen. Aber von diesen wenigen Schiffen gelingt es kaum einem, an jenen Ort zu gelangen, wo es seinen Frieden finden kann."
„Und wo soll dieser Ort sein?" wollte Emra wissen.
„Wenn sie eine der ewig dahinwandernden Inseln der Glückseligkeit erreichen, sind sie erlöst von ihrer Reise ohne Sinn und Ziel." erwiderte Amru.
Wieder und wieder trieben, oft bedrohlich nahe, Wracks mit geknickten Masten, zerbrochenen Rudern, zerfetzten Segeln, zerschlagenen Aufbauten vorbei. Und es wurde kalt. Immer kälter. Gefrierender Nebel überzog das Schiff mit einem ständig wachsenden Eismantel. In wenigen Stunden würde es so schwer geworden sein, daß die kleinste Welle das Schiff zum Kentern bringen könnte.
„Wir müssen hier weg!" sagte Amru und starrte sorgenvoll in den Nebel. „Wenn ich nur wüßte wie?"
„Ein Segel!" schrie Emra und sprang auf. „Natürlich! Wir nähen uns ein großes, leichtes Segel! Komm mit!"
Amru schüttelte den Kopf. „Wir haben keinen Wind, und wir werden jedes Tuch brauchen heute Nacht, um uns warm zu halten in dieser Eiseskälte!"
„Aber wenn wir nun ein wenig Wind bekämen?" Emra ließ nicht locker.
„Ja, wenn . . .", mußte Amru zugeben.
„Na, also!" Emra klopfte ihrem Mann auf die Schulter. „Worauf wartest du noch?"

Amru folgte seiner Frau hinunter ins Schiff.
Dort angekommen öffnete Emra das Bündel, welches sie in aller Hast zusammengepackt hatte, als sie auf das Schiff gekommen war. Kleider lagen darin und Hemden, Röcke, Schals und Tücher, Laken, Hosen und Decken. All dies warf sie auf einen großen Haufen. Dann holte sie Nadel, Zwirn und Schere. Als Emra ihr Lieblingskleid in Händen hielt, einstmals hatte es in bunten Frühlingsfarben geleuchtet, nun war es schmutziggrau, zögerte sie. Nie wieder würde sie dieses Kleid tragen können, wenn es seinen Platz im Segel hätte. Doch dann lächelte sie still. Eine schon fast verloren gegangene Erinnerung hatte zurückgefunden zu dem Gefühl, welches sie einst geboren hatte.
„Ich weiß nicht“, brummte Amru neben ihr. „Wir werden erfrieren heute Nacht!“
„Besser ein wenig frieren“, gab Emra zurück und nähte dabei Stich um Stich, Naht um Naht, „als in der See der verlorenen Schiffe unterzugehen! Meinst du nicht?“
Amru nickte und griff sich ein Tuch, welches ihm Emra einst geschenkt hatte. Er seufzte leise, als kleine Erinnerungen von dem, was er in diesem Tuch noch fühlen konnte, wie Sternenstaub in seinem Innern funkelten. Dann nahm er starken Segelzwirn, Nadel und Schere, setzte sich neben Emra und nähte.
Stich um Stich.
Naht um Naht.

Es wurde ein gewaltiges Segel, an dem die beiden die ganze Nacht zu arbeiten hatten. Manchmal verliefen die Nähte ein wenig schief und krumm, wenn ein Hemd nicht so recht zu einem Schal passen wollte, oder ein Rock zu einer Hose. Doch schließlich war der letzte Knoten am Faden geknüpft. Amru und Emra nahmen das Segel auf. Dann zerrten und zogen sie daran mit aller Kraft. Kein Faden löste sich, keine Naht gab nach. Emra und Amru waren zufrieden. Vereint zogen sie es den Mast empor.
Nun begann ein langes, banges Warten auf ein wenig Wind und der Kampf gegen den schweren Panzer aus Eis, welcher das Schiff

umklammerte. Mit spitzem Werkzeug, manchmal auch mit bloßen Händen, brachen Emra und Amru das Eis und warfen es ins Meer. Nach Stunden, die den beiden wie eine frostige kleine Ewigkeit vorkam, kräuselte sich ganz zart das Wasser in ihrer Nähe. Amru schien es gerochen zu haben, denn noch bevor Emra ihn darauf hinweisen konnte, war er schon dabei, ihr selbstgefertigtes, großes Segel soweit als möglich in den Wind zu stellen.
Emra eilte zum Ruder. Nach wenigen Augenblicken, die vor gespannter Stille aufzuplatzen drohten wie überreife Beeren, lachten die beiden befreit auf. Die flüsternde Vorahnung eines Windhauches verfing sich in ihrem großen Segel.
Es bekam einen kleinen Bauch, fiel wieder ein, wölbte sich erneut, straffte sich ein wenig und war schließlich gefüllt, daß keine einzige Falte mehr zu sehen war.
Amru tanzte auf dem Deck und schlug mit der Faust immer wieder gegen den Mast. Emra lachte voller Glück, als sie am Druck des Ruders spürte, wie das Schiff kaum merklich Fahrt aufnahm und sich steuern ließ.
„Welche Richtung?" wollte Amru schließlich von Emra wissen.
Diese zögerte keinen Augenblick. „Dorthin", sagte sie und deutete mit der Hand voraus.
„Und weshalb?" Amru lachte sie an. Und in diesem Lachen blitzte etwas, was Emra schon lange nicht mehr gesehen hatte: Ein kleiner schelmenhafter Funke voll Lebenslust und Freude.
Sie ließ sich anstecken von diesem Lachen. „Ganz einfach", erwiderte sie und deutete mit der Hand zurück. „Weil von dort das wenige an Wind kommt, was unser Segel einfangen kann."
Die Nebel begannen sich zu lichten.
Die Sicht wurde besser. Emras Lachen erstarb, und Amrus Augen weiteten sich. Keine drei Schiffslängen hinter ihnen ragten raue Riffe aus dem Wasser. Wie Zähne eines riesigen Fisches hatten sie, verborgen im dichten Nebel, auf Beute gelauert. Nicht mehr lange und in der See der verlorenen Schiffe wäre ein Wrack mehr umhergetrieben.

Emra zog Amru neben sich ans Ruder. Der legte einen Arm um ihre Schulter. So fanden sie den Kurs, auf dem das große Segel sich am schönsten blähte.
Und als die Sonne endlich die letzten Nebel zur Seite gewischt hatte und sich strahlend im prall gespannten Segel badete, da leuchtete es auf in allen Farben dieser Welt.
So bunt, wie nur jene Segel leuchten können und so prall wie sich nur jene Segel blähen können, in welche die Zeit Zeit genug gehabt hatte, bunte Muster der Erinnerungen zu weben.

Jürgen Werner
Jans Stern

Als der Nordstern über dem Dorf auftauchte und sein kühles Licht in die Welt schickte, wußten die Kinder, daß es bald soweit sein würde. Immer häufiger huschten ihre Blicke vom Abendbrot nach draußen auf den Marktplatz, wo ein großer Holzstapel darauf wartete, angezündet zu werden. Ein Geschichtenerzähler war ins Dorf gekommen, und die Erwachsenen hatten erlaubt, daß der Mann die Zeit der Kinder mit einem Abenteuer ausfüllte.
Die Nacht brach herein. Der Holzstapel wurde wie von Geisterhand entzündet. Das flackernd warme Licht war Signal für die Kinder, sich auf dem kleinen Marktplatz zu versammeln.
Von überall kamen sie näher. Manche schnell, lautstark, mutig; andere still, verhalten, mit scheuem Blick. Es dauerte nicht lange, dann saßen sie alle, dicht gedrängt, abwartend, neugierig, in einem weiten Kreis um das Feuer. Die meisten mit diesen großen Augen, wie sie nur Kinder haben, denen man ihr Kindsein noch nicht gestohlen hat.
Das Raunen wurde leiser, nur noch vereinzelt war ein helles Lachen zu hören. Der Geschichtenerzähler betrat den Kreis, setzte sich und schenkte allen ein offenes Lächeln, das die Fesseln der Unsicherheit, des sich Fügen müssens, durchtrennte.
„Seid willkommen."
Ein erleichtertes Hallo brandete auf. Jeder wollte den Mann, mit den langen schwarzen Haaren, die weit über die Schultern reichten, den tiefblauen Augen und Geheimnissen im Gesicht, begrüßen. Alle hatten sie etwas schrecklich Wichtiges zu berichten, und weit und breit war, außer ihm, kein Erwachsener zu sehen, der dem Durcheinander Einhalt gebot.
Der Geschichtenerzähler wußte, daß die Gedanken der Kinder ebenso wichtig, wie die der Erwachsenen waren, und so wartete er geduldig, bis alles gesagt war und der Lärm abebbte. Als die Kinder ihn abwartend musterten, blickte er, den Kopf weit in den Nacken gebeugt, ohne ein Wort zu verlieren, in den sternenklaren Himmel.
Die Neugierigen folgten feixend seinem Blick, die Schlauen warteten ab, vielleicht war dieses seltsame Spiel nur eine List? Aber auch die stillen Kinder sahen nach kurzem Zögern su-

chend in den Himmel, um zu entdecken, was der Erzähler sah. „Wißt ihr, warum es an manchen Orten viele, an anderen nur wenige Sterne zu sehen gibt?“, wollte der Geschichtenerzähler wissen. Die Kinder sahen ihn fragend an, einige schüttelten stumm den Kopf. Ein Junge mit roten, struppigen Haaren erklärte, das sei wie mit seinen Sommersprossen. An einigen Stellen seien es mehr, an anderen eben weniger. Ein Mädchen meinte dagegen, daß es im Himmel Sternenstädte und Sternendörfer gebe.

„Ihr bestimmt mit eurem Leben, ob es viele oder wenige Sterne am Himmel gibt“, verriet der Geschichtenerzähler das Geheimnis. Alle waren erstaunt, aber keiner konnte begreifen, was der fremde Mann damit meinte. Nur spüren, irgendwo ganz tief innen drin, wie wenn einer einen am Bauchnabel kitzelt.

„Laßt mich die Geschichte von Jan erzählen, und ihr werdet verstehen, was ich meine“, brach der Erzähler das Schweigen, und nach einer kurzen Atempause, die Raum und Zeit schaffte, damit sich das große Tor zur Phantasie weit genug öffnen konnte, begann er zu erzählen.

Stellt euch vor, kurz vor Mitternacht, eine Hütte, irgendwo in einem kleinen Dorf, ein Zimmer, ein Junge, der eingeschlafen ist: Jan.
Jan lag auf seinem Bett und schlief. Dabei hatte er es sich so fest vorgenommen, diese Nacht wach zu bleiben, das große Geheimnis zu lüften. Ein Abenteuer wollte er bestehen und sein magisches Buch, das er selbst im Schlaf noch im Arm hielt, sollte ihm beistehen.
In seinen Träumen hatte er sich längst auf den Weg gemacht. Ruhelos warf er sich auf dem Bett hin und her. Seine Kleider waren feucht vom Schweiß. Das Buch glitt ihm aus den Armen und fiel zu Boden.
Erschrocken wachte Jan auf. Zuerst rieb er sich den Schlaf aus den Augen, dann sah er sich vorsichtig um, ob sich auch keine Gespenster im Zimmer befanden. Alles in Ordnung, keine Gefahr. Jan atmete erleichtert auf. Aber er war auch ärgerlich. Wie konnte so etwas nur passieren? Um Mitternacht war es soweit, dann würde er sieben Jahre alt sein, fast erwachsen, und er schlief noch immer wie ein kleines Kind ein.
Er stand leise auf, nahm sein magisches Buch fest in den Arm, wich geschickt den knarrenden Dielen aus und ging zum Fenster, das weit offen stand, damit die laue Sommernacht seinen Schlaf bewachen konnte.
Die Sterne funkelten unnahbar und geheimnisvoll wie Katzenaugen, aber Jans Blick galt in erster Linie dem Hügel, der sich nicht weit entfernt vom Dorf, wie ein müder Bär aufrichtete. Wenn Jan die Augen zusammenkniff, dann konnte er sogar die Hütte darauf sehen.
Er hatte die Erwachsenen über den Verrückten auf dem Hügel sprechen hören. Leise, gerade laut genug, daß Jan ahnte, ohne etwas zu wissen. Jedem Kind im Dorf erging es wie ihm, was die Gerüchte um die Gefahren wie Unkraut wuchern ließ. Selbst die Mutigsten unter ihnen wagten nicht, dem unbekannten Verrückten zu nahe zu kommen. Was den Erwachsenen gefiel, denn auch sie fürchteten den Mann, der dort oben lebte. Es hieß, wer ihm begegnet, dessen Gedanken würden ebenso wirr.

Aber in dieser Nacht, kurz bevor er sieben Jahre alt wurde, beschloß Jan, etwas Verbotenes zu tun. Jetzt, wo er fast erwachsen war, wollte er hinter den Vorhang der Geheimnisse blikken, wissen, was den Verrückten auf dem Berg eigentlich verrückt machte.
Jan atmete tief. Er hatte Angst, keine Frage, aber da war auch diese Neugier, die ihn nicht zur Ruhe kommen ließ, die ihm ständig ins Ohr flüsterte, ihn ermunterte, die Zweifel beiseite wischte.
Geschwind kletterte er aus dem Fenster. Sein Herz pochte wild und die Knie waren weich wie Schnee, als er über die weiten Wiesen stapfte, den Hang hinauf, zu dem kleinen Steinhaus.
Jan fand den alten Mann bei der Arbeit. Mitten in der Nacht, im fahlen Mondlicht, hantierte er an einem seltsamen Gerät herum. Er muß tatsächlich verrückt sein, dachte Jan und näherte sich vorsichtig. Aber gefährlich? Er hörte, wie der alte Mann leise vor sich hinsummte, während er lange Holzstangen zusammenband, die wie das Skelett eines Vogels aussahen. Jan räusperte sich verlegen.
Der Alte erschrak nicht und ließ sich auch sonst nicht anmerken, daß er in irgendeiner Weise erstaunt gewesen wäre. Dabei mußte er schon viele Jahre, viel mehr Jahre als Jan bereits lebte, allein hier verbracht haben. „Guten Abend“, sagte der alte Mann freundlich und seine sanfte Stimme legte sich wie Balsam auf Jans Befürchtungen. Der alte Mann band den letzten Holzstab fest und rieb zufrieden die Hände. „Tee?“
Jan mochte keinen Tee. Tee bedeutete Husten, Halsschmerzen und vor allem einen bitteren Geschmack. Igitt. Aber Verrückten soll man nicht widersprechen, hatte einmal sein Vater gesagt. Also widersprach Jan nicht, sondern nickte stumm.
Sie betraten die Hütte. Ein festes Steinhaus, mit einer heimeligen Feuerstelle in der Mitte, einem weichen Lager aus Stroh und manch anderen Annehmlichkeiten. Es war ganz anders, als er es sich vorgestellt hatte. Jan fühlte sich auf Anhieb wohl.
Der Alte warf ein paar Kräuter in eine Tasse mit heißem Wasser und reichte sie ihm. Jan kam sich komisch vor, schrecklich erwachsen und zugleich fühlte er sich winzig klein. Der Tee

schmeckte wider Erwarten gut. Jan befürchtete schon, daß aus seinem großen Abenteuer nichts werden würde.

„Bist Du wirklich verrückt?"

Den ganzen Weg hatte ihn diese Frage bewegt und jetzt war sie einfach herausgerutscht. So, wie ihm manchmal etwas herausrutschte, wenn er schwindelte.

Doch diesmal setzte es keinen Klaps auf den Hintern. Der alte Mann lächelte nur und sah Jan nachdenklich an.

„Das mit dem Verrückt-sein ist so eine Sache", antwortete er und nahm Jans Hände in die seinen.

„Es war einmal ein gütiger und weiser König, der lebte wie ich auf einem Berg. Die Menschen kamen gern zu ihm, fragten um Rat und ein jeder zog mit einer weisen Antwort zufrieden von dannen. Das störte einen bösen Magier, der in der Stadt seine Ratschläge für Gold und Geschmeide verkaufen wollte. Aus Habgier und Bosheit schüttete er einen Trank in den Stadtbrunnen, der die Menschen ganz wirr im Kopf machte und alle, bis auf den König, der eine Quelle im Schloß besaß, tranken davon. Keiner fragte mehr den König um Rat, denn der benahm sich mit einem Mal so komisch, war so anders als sie alle. Er mußte wohl verrückt geworden sein, daran bestand kein Zweifel.

Der König aber wartete viele Tage und Nächte in seinem Schloß. Doch keine Menschenseele ließ sich sehen. Also machte er sich auf den Weg in die Stadt. Durstig kam er dort an und nahm sogleich, nichts Böses ahnend, einen Schluck aus dem Stadtbrunnen. Es dauerte nicht lange, da begann der König wie ein Derwisch durch die Straßen zu tanzen, und alle denen er begegnete, waren glücklich, daß ihr König endlich wieder zur Vernunft gekommen war."

Jan gefiel die Geschichte, auch wenn er sie nicht so richtig begriff. Er würde sie in seinem magischen Buch aufschreiben, bis er groß genug war, um sie ganz und gar zu verstehen. Zwar konnte er noch nicht alle Buchstaben, aber genügend Zeichen, die nur er verstand.
„Aber wegen dieser Geschichte bist du nicht zu mir gekommen", sprach der alte Mann weiter.
„Woher weißt du das?" wollte Jan wissen.
Der alte Mann machte große Augen und flüsterte. „Kannst du ein Geheimnis bewahren?"
Jan nickte wild.
„Ich auch", sagte der Alte und trat vor die Hütte.
Jan war enttäuscht, folgte ihm aber nach draußen. Er stellte sich neben den Mann, und sah wie er, den Kopf weit in den Nacken gelegt, in den klaren Nachthimmel.
„Siehst du die Sterne?"
„Mmh", antwortete Jan.
„Ein Stern gehört dir. Dir ganz allein."

❡

Der Geschichtenerzähler sah stumm in den Nachthimmel, so wie er es an dieser Stelle immer tat. Er wartete ab, war glücklich und voller Hoffnung, wenn die Kinder in den Himmel sahen und traurig, wenn sie an seinen Lippen hingen, die Geschichte nur hörten, nicht in sich spürten. Heute war eine dieser Nächte, an denen der Geschichtenerzähler sehr zufrieden war. „Seht in den Himmel, laßt euch Zeit. Die Sterne werden euch finden und ein jeder von euch wird seinen Stern finden."
Erst als er spürte, daß alle ihren Stern gefunden hatten, fuhr er mit der Geschichte fort.

❡

Jan sah in den Nachthimmel und tatsächlich, inmitten des funkelnden Meeres, sah er einen Stern, der anders war als alle anderen. Sein Stern.

„Seit deiner Geburt befindet er sich dort oben."
„Warum seh ich ihn dann erst jetzt?" Jan wurde nicht müde, seinen Stern zu betrachten. Soviel Sehnsucht, Glück, Trauer und Freude lagen darin, viel mehr, als er je in seinem noch jungen Leben gespürt hatte.
„Nur noch wenige kennen das Geheimnis und die wenigen schweigen."
„Warum?"
„Wer ist schon gern verrückt?"
„Und einsam", ergänzte Jan, der ganz traurig bei dem Gedanken wurde, daß der alte Mann hier ganz allein lebte, ohne Freunde, wie er sie zuhauf hatte.
„Aber nein", lachte der alte Mann, als er Jans betrübte Miene sah, „allein vielleicht, aber einsam bin ich nicht. Ich habe gelernt, meinen Stern zu sehen, und ich habe ihn mir bis heute bewahrt."
Jan sah ihn fragend an.
„Sterne können verloren gehen", erklärte der alte Mann. „Es ist wie mit allem auf der Welt. Wie mit hell und dunkel, schwarz und weiß, gut und böse. Du mußt beidem begegnen, beides annehmen. Wer im Leben einfach nimmt, der verliert am Ende. Die meisten erwachsenen Menschen haben ihren Stern längst verloren", seufzte er. „Deshalb sehen sie nie glücklich, sondern stets sehnsüchtig zu den Sternen. Ohne es zu wissen, vermissen sie ihren eigenen."
„Ich will meinen Stern behalten", bestimmte Jan. „Er ist so schön. Einfach wunderschön."
„Bewahre ihn gut, er wird dir vieles geben. Mut, Vertrauen, Hoffnung und Träume." Der alte Mann kniete auf den Boden und sah Jan ernst an. „Aber es kommt die Zeit, da wird dein Stern nehmen. Denn er benötigt für sein funkelndes Licht dasselbe von dir. Du wirst nicht nur einmal solch einem Moment der Entscheidung begegnen, und jedes Mal aufs neue liegt es einzig und allein an dir, ob er lebt oder stirbt."
Die beiden Männer sahen noch lange zu ihren Sternen hinauf. Der alte Mann, der schon soviel gelebt hatte und der junge Mann, der noch soviel leben wollte.

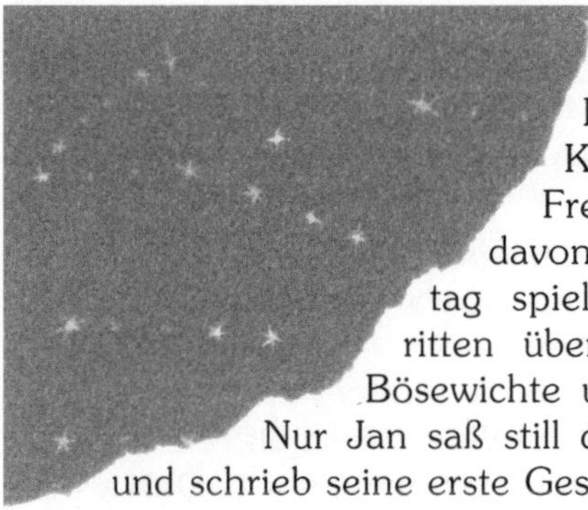

Der Tag kam und mit ihm Jans siebter Geburtstag. Die Mutter hatte ihm einen Kuchen gebacken, und seine Freunde ließen keinen Krümel davon übrig. Den ganzen Nachmittag spielten sie Ritter und König, ritten über weite Ebenen, besiegten Bösewichte und feuerspeiende Drachen. Nur Jan saß still da, sah seinen Freunden zu und schrieb seine erste Geschichte mit Zeichen, die nur er verstand, in sein magisches Buch.

Es war eine schöne Feier, und als am Abend Jan allein mit seinem neuen Kreisel spielte, setzte sich sein Vater neben ihn und sah eine Zeitlang still zu. Jan trieb den Kreisel immer wieder an, ließ ihn nicht zur Ruhe kommen und sah dabei die Sterne, die um ihn tanzten.

„Warum wolltest du heute an deinem Geburtstag kein König sein, oder einer der Ritter, die den Kampf mit dem Drachen wagten?“ wollte sein Vater wissen.

Jan zuckte mit den Schultern, wußte keine Antwort. Er sah seinen Kreisel an. Der schönste Kreisel der Welt, soviel stand fest. Aber er wollte kein Ritter sein, kein König, er war viel lieber der weise Ratgeber, der Geschichten erzählte und dabei in seinem großen magischen Buch blätterte. Nur, irgendwie gefiel das seinem Vater nicht.

Der drückte ihn fest an sich, klopfte ihm auf die Schulter, so wie das Männer miteinander taten und stand auf. Jan blieb sitzen, dachte nach. Soll ich beim nächsten Mal König sein? Der mächtigste König der Welt? Er wußte nicht, was er tun sollte. Vor lauter Nachdenken vergaß er, seinen Kreisel anzutreiben. Der wurde langsamer, taumelte, fiel hin. Die Sterne verschwanden, waren nur noch Farbkleckse auf dem Holz. Zu allem Überfluß fand er eine Stelle, an der das Holz gesplittert war und wenig später eine, wo die Farbe nur noch blaß schimmerte. „Nein“, beschloß Jan. Er würde weiter der weise Ratgeber sein. Sein Herz klopfte wie wild. Was würde wohl Vater sagen?

Aber sein magisches Buch war in seinen Träumen schöner als alle Schwerter, Schilder und Zepter zugleich. Und sein Kreisel war der tollste Kreisel auf der ganzen Welt! Jan trieb ihn wieder an, ließ die Sterne tanzen und sah zufrieden in den Nachthimmel.
Im nächsten Augenblick bekam er schreckensgeweitete Augen. Dort wo sein Stern zuhause war, fehlten einige. Zum Glück nicht seiner. Andere.
Erleichtert atmete er auf, und als die Mutter rief, es sei Zeit ins Bett zu gehen, schlüpfte er ohne Widerspruch unter die Decke.
Freundschaften zerbrachen wie Erinnerungen, das Dorf wurde zur Stadt, Jan zum Mann. Es war an der Zeit, die Zukunft nicht mehr ruhelos wie ein Blatt im Wind fliegen zu lassen, sondern ein Segel aufzuziehen, das die Kraft des Windes nutzt, um das Schiff in den sicheren Hafen zu steuern.
Sie wurden wie ihre Väter Bauer, Schmied, Gerber oder Wirt. Folgten den sicheren Wegen, fanden ihre Nischen, machten es sich bequem und träumten lachend, bis ihnen die Tränen in die Augen stiegen, von den Zeiten, als sie noch Ritter und Könige waren.
Auch Jan träumte von dieser Zeit, als jeder Tag noch einen neuen, nicht gelebten Augenblick in sich trug. Nur anders, ohne Tränen in den Augen. Er träumte von dem alten Mann, der längst vergessen war, aber für Jan noch immer draußen vor der Stadt auf dem Hügel lebte, gerade so, wie er es als Kind in seinem magischen Buch aufgeschrieben hatte.
Er wollte nicht Gerber, nicht Bäcker oder Bauer wie sein Vater werden. Er wollte den Kindern die wichtigen Dinge des Lebens lehren. Vom Zauber, der sich in der Zukunft verbirgt erzählen, und daß man die Sonne durch die Wolken sehen konnte.
Das war sein Traum. Aber wer macht einen Träumer zum Lehrmeister seiner Kinder?
Die Nächte wurden dunkler, die Sterne spärlicher. Gelehrte dachten darüber nach, fanden Erklärungen, die sie für die Herrscher in blumige Worte verpackten, erzählten Geschichten von Planeten und Kometen, stellten die Welt auf den Kopf, entdeckten neue Kontinente und begannen von vorn. Bauern

tauschten ihre Ernte nicht mehr mit dem Schmied, damit der mit dem Gerber tauschen konnte. Es gab jetzt Münzen mit den Köpfen der Herrscher und wer am meisten davon hatte, konnte alles besitzen.
Fast alles. Aber so dachte nur Jan.
Es war sein einundzwanzigster Geburtstag, als ihn Vater mit hartem Griff in den Arm nahm, und die Mutter nervös die Hände über die saubere Schürze strich. Vater sprach leise, von Familie, Verantwortung, Zielen. Jan erzählte ihm von den Sternen in seinem Kopf und von denen am Nachthimmel. Von seinem Traum, all dies den Kindern zu lehren. Die Mutter strich hastiger über die Schürze. Vater atmete tief durch. Sie beschlossen, daß Jan eine Frau wählen sollte, für die er sorgen konnte. Arbeit gab es auf dem Feld genug.
Die Frauen lachten, wenn er sie bat, ihren Stern zu suchen. Manche blickten mit ihm in den Nachthimmel, spürten Sehnsucht, Schwermut und verließen ihn mit raschen Schritten. Er war ihnen unheimlich, und bald dachte ein jeder, daß Jan verrückt sei.
Er zog auf den Hügel vor die Stadt.
Das Gesicht seiner Heimat veränderte sich mit den Jahren. Nicht wie das Gesicht eines Menschen, das einfach älter, ruhiger wird. Eine Mauer wurde um die Stadt gezogen, hoch, kantig, ein Schutzwall gegen Feinde, die es davor nicht gegeben hatte. Der Wind strich kühl durch die engen Gassen, denn die wenige Glut in den Herzen der Menschen konnte ihm keine Wärme geben.
Dafür brannte in einer langen Nacht die Stadt lichterloh. Es war die Nacht, in der Jan achtundzwanzig Jahre alt wurde und die Feinde, die zuvor keine waren, endlich die ihnen zugedachte Aufgabe erfüllten.
Händeringend stand er, der Verrückte, auf dem Hügel und mußte mit ansehen wie Männer kämpften, Frauen schrien und Kinder weinten. Der Himmel war bis auf eine Handvoll Sterne schwarz. Dafür leckten Flammen am Firmament, schickten ihre zerstörerische Wärme über das Land und schenkten für einen Augenblick den verlorenen Herzen jenes trügerische

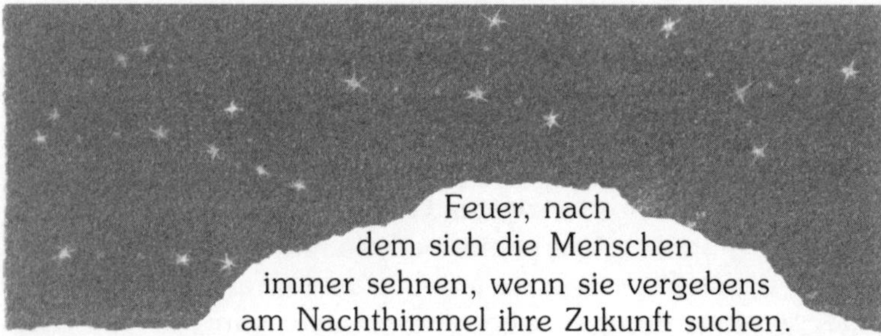

Feuer, nach dem sich die Menschen immer sehnen, wenn sie vergebens am Nachthimmel ihre Zukunft suchen.

Der Morgen brachte verbrannte Erde. Jan lief durch die zerstörte Stadt, setzte sich auf einen verkohlten Baumstamm, verbarg sein Gesicht in den Händen und weinte.

Doch durch den Schleier seiner Trauer, schimmerte das Licht seines Sterns, die Hoffnung, der Glaube an die Zukunft. Jan schnürte sein Bündel. Er wandte sich ein letztes Mal um. Dort, wo seine Tränen in den Boden gesickert waren, grub sich ein einzelner, hauchdünner Grashalm durch die Asche.

Jan lächelte. Er ließ die Stadt hinter sich und wanderte der Sonne entgegen. Die Abenteuer im Kopf, die nie aufhörten, ihr närrisches Spiel zu treiben, machten sich bereit, Neuem zu begegnen. Jan war zuversichtlich. Solange es noch einen Stern am Himmel gab, würden neue Sterne hinzukommen. Ohne Unterlaß, solange, bis alle Menschen wieder gelernt hatten, ihren Stern zu sehen.

An dieser Stelle beendete der Erzähler seine Geschichte. Er schloß sein großes Buch, legte es beiseite und sah in die Gesichter der Kinder. Es war kein schönes Ende und die Hoffnung, die er ihnen mit auf den Weg gab, konnten viele von ihnen nicht spüren oder gar verstehen. Das wußte er, und das sah er jedes Mal aufs neue in ihren Gesichtern. Aber was sollte er tun? So hatte sich die Geschichte nun einmal zugetragen, und so hatte er beschlossen, sie zu erzählen.

Einige Kinder wischten sich verstohlen die Tränen aus den Augenwinkeln, andere starrten stumm zu Boden. Die ersten wa-

ren bereits aufgestanden. Der Erzähler spürte, daß es hier so sein würde wie überall, er würde keine zweite Geschichte erzählen dürfen.
„Und was macht Jan jetzt?“ hörte der Erzähler eine Stimme neben sich. Es war der Junge mit den roten Haaren, der seine Sommersprossen mit den Sternen verglichen hatte.
Der Geschichtenerzähler lächelte mit verschwörerischen Augen. „Er wird heute Nacht fünfunddreißig Jahre alt, zieht durch die Lande und erzählt den Kindern dieser Welt, weshalb es die Sterne am Himmel gibt.“
Die anderen Kinder waren längst nach Hause geeilt. Der Junge mit den roten Haaren legte den Kopf in den Nacken und sah zum Himmel. Der Erzähler folgte seinem Beispiel.
„Siehst du deinen Stern?“
„Mmh“, antwortete der Junge.
„Er gehört dir, dir ganz allein.“
Seine Mutter rief ihn aufgeregt zu sich. Das traurige Ende der Geschichte hatte sich bereits herumgesprochen.
„Ich seh ihn ganz deutlich“, flüsterte er. „Ich werde ihn behalten.“ Seine Stimme klang sicher, wie ein breiter, dahinfließender Bach. „Er ist so schön. Wunderschön.“
Das Rufen der Mutter wurde drängender. Aber erst die drohende Stimme des Vaters schnitt das Band zwischen dem Jungen mit den Sommersprossen und dem Geschichtenerzähler entzwei.
„Es wird die Zeit kommen, da wirst du dich entscheiden müssen. Dein Stern gibt nicht nur, er nimmt auch!“ rief der Erzähler dem Jungen hinterher, der auf dem Weg nach Hause, ausgelassen über den Platz tanzte, Kreise drehte und glücklich lachte. Glücklich, weil er seinen Stern am Himmel gefunden hatte. Ein roter Grashalm, der sich seinen Weg durch die schwarze Asche grub.

Roland Kübler

Das Große Werk

Lange bevor Menschen den ihnen unbegreiflichen Rhythmus der Welt zerstückelten und in den gleichförmigen Takt der Zeit zwängten; lange bevor das Lächeln eines Regenbogens durch Spektralanalysen hinweggewischt und in kleine Zahlen zerlegt wurde; lange vor all dem, was wir Fortschritt nennen und was uns doch so oft nur einen Schritt weiter fort führt vom Pulsschlag der Erde; lang, lang davor, gab es auf unserem kleinen, blauen Planeten, der seinen Weg in den Tiefen des Universums zieht und so zum Herzschlag der Unendlichkeit beiträgt, unzählige kleine graue, braune und schwarze Raupen. Sie wuselten im Erdreich über- und unter- und durcheinander. All ihre Zeit verbrachten sie damit, Gänge und Höhlen tief in die Erde hinab zu graben. Denn dies war, ohne Zweifel, ihre Bestimmung. Schließlich war das schon immer so gewesen, und es gab sogar ein altes Gesetz, in welchem geschrieben stand, daß es die Pflicht jeder einzelnen Raupe sei, die ganze Kraft, den ganzen Einsatz, das ganze Leben dem Großen Werk zu widmen.

Die Gelehrten und Denker hatten in ausführlichen, schwierigen Arbeiten, glaubhaft belegt und berechnet, daß das Große Werk alle Raupen irgendwann in ein Land ohne Not und Pein, ohne Hunger und Angst führen würde.

Generation um Generation widmeten sich die Raupen schon dem Großen Werk.

❡

Die verschiedenen Aufgaben, welche nötig waren, das Große Werk auszuführen, waren im Staate der Raupen genauestens aufgeteilt. Weit unten, in den engen Gängen tief im Erdreich, gruben die Kratzer. Diese Raupen besaßen kräftige, scharfkantige Klauen an den Vorderbeinen mit denen sie festen Lehm und kleine Steine lösen konnten. Wenn sie auf undurchdringliches Felsgestein stießen, krochen sie ein wenig zurück, und an ihre Stelle traten die Bohrer, die herbeigetragen werden mußten, da ihre Beine nicht mehr zum Krabbeln taugten. Ihr starker, stachelähnlicher Bohrer jedoch überwand jedes noch so harte Hindernis. Sobald genügend Schutt losgebrochen war, kam die große Zeit der Wühler, die sich weiter und weiter frassen und dabei lose Erde, Gestein und Geröll, Wurzelreste und neugekeimten Samen unter sich hinweg nach oben wühlten. Schaufler beluden damit die breiten Rücken der Träger, damit alles was dem Großen Werk im Weg stand, weiter und weiter befördert wurde bis an die Erdoberfläche. Wenn ein Gang tief genug hinabgetrieben war, wurden die Stützer benötigt. Diese stellten sich unbeweglich an die Wände der Gänge und verhinderten mit ihren starken Rücken, daß die Decken herabbrachen. Unbeweglich, wie aus Stein gemeißelt, standen sie und wurden von anderen Raupen mit Nahrung versorgt.

¶

Sofort nach der Geburt wurden die winzigen, noch unbepelzten und blinden Räupchen genauestens untersucht, vermessen und dann den verschiedenen Gruppen zugeteilt, um ihre jeweiligen Fähigkeiten, weiter zu verbessern und zu üben.
Manchmal jedoch kam es vor, daß eine der kleinen Raupen weder als späterer Kratzer, Bohrer, Wühler, Schaufler, Träger oder Stützer geeignet schien. Diese wurden dann in der Fertigkeit unterrichtet, die reglosen Stützer zu versorgen und hießen Speiser.
Diejenigen aber, die nicht einmal dafür taugten, wurden abfällig Wächter gerufen und hatten die vielen Eingänge des weitverzweigten Raupenreiches zu bewachen.

¶

Punga und Lunga hießen zwei dieser armen Geschöpfe. Ihre Vorderbeine taugten weder zum Wühlen, noch zum Schaufeln oder Kratzen. Auch ein harter, starker Bohrer wollte ihnen nicht wachsen. Und sie waren viel zu schwächlich, um als Träger oder Stützer in Frage zu kommen. So-

gar die Gruppe der Speiser, die ja schließlich fast noch direkt am Großen Werk beteiligt war, hatte die beiden kleinen Raupen abgelehnt. So waren sie abseits ihrer Altersgenossen aufgewachsen, die ihnen manchmal von den herausragenden Fortschritten am Großen Werk erzählt hatten, wenn sie sich wichtig machen wollten.
Tagein, tagaus lagen die beiden nun nebeneinander am Eingang eines kleinen Ganges und starrten hinaus auf die, für ihre an Dunkelheit gewohnten Augen, viel zu helle Erdoberfläche. Trotz ihres dichten Pelzes froren sie erbärmlich, als kalte Stürme die Bäume leerfegten. Wenn dunkle, große Schatten über sie hinwegglitten, duckten sie sich, verschreckt und voller Angst. Denn alles was fliegt, da waren sich die Raupen einig, ist gefährlich, böse und hungrig.
„Nein", dachten beide, „nur nicht hinaus müssen in diese stürmischkalte, feindselige Welt."

❡

Nach Wochen angestrengter Wachsamkeit, in denen nichts geschah, hatte sich über Nacht plötzlich alles verändert. Die Helligkeit war noch gleißender geworden, die Kälte noch durchdringender und es war still. So unfaßbar still, als hielten Sonnen und Sterne, Planeten und Monde den Atem an.
Die Welt hatte sich einen eisig kalten Mantel umgelegt, in dessen dicht verwobenem, weißem Flaum alle Geräusche klaglos ertranken. Schlotternd vor Kälte kringelten sich die beiden kleinen, einsamen Wächter am Eingang ihres Ganges zusammen und wünschten nichts sehnlicher, als so schnell wie möglich weit hinabkrabbeln zu dürfen, in den warmen Schoß der Höhle. Aber ihnen war geboten worden, Wache zu halten und so lagen sie weiter stumm nebeneinander, zerfurchten sich die winzigen Gesichtchen vor angespannter Wachsamkeit und blinzelten manchmal aus den Augenwinkeln zu ihrem Gegenüber hinüber.
„Wenn Lunga nicht wäre, müßte ich bestimmt nicht hierstehen. Meine Vorderbeine jedenfalls sind sicher so stark wie die

eines guten Schauflers!“ dachte Punga, nickte grimmig und fror entsetzlich.
„Punga ist der Grund für meine Schande!“ Lunga war zufrieden, eine Antwort gefunden zu haben, die sie zwar nicht ganz zufrieden stellte, an der aber trotzdem nicht zu rütteln war. Sie zitterte heftig vor Kälte.
Und es wurde noch kälter in der nächsten Nacht!
Es wurde so kalt, daß der Mond nahe daran war zu zerspringen, und das Licht der Sterne zu erlöschen drohte.
So dunkel und so kalt war es.
Punga und Lunga lagen sich bibbernd und zitternd am Eingang ihres Ganges gegenüber. Sie würden erfrieren müssen in dieser Nacht. Das wußten sie.
Wie sollte auch eine kleine Raupe solch einer Kälte widerstehen?
Schon konnten sie sich kaum noch regen und so sehr sich Punga und Lunga auch mühten, ihre kleinen pelzigen Körper zu kringeln, um sich an sich selbst zu wärmen, bei diesem klirrenden Nachtfrost wären beide jämmerlich erfroren.
In der dunkelsten Stunde der Nacht, wenn die vergangene Abendsonne schon längst hinter dem Horizont der Erinnerung verschwunden ist, und die Ahnung des beginnenden Tages noch weit entfernt über große Meere eilt, war plötzlich ein schwaches Wispern zu vernehmen.
„Punga? Kannst du mich hören?“
„Ja“, flüsterte Punga. „Mir ist so entsetzlich kalt!“
„Mir auch“, gab Lunga zurück. „Ich bin ganz erstarrt!“
Niemand kann sich alleine warmhalten in solchen Nächten, dachte Punga und begann langsam und froststeif hinüber zu Lunga zu krabbeln. Dort angekommen kringelten sich die beiden Raupen fest ineinander und übereinander.
Und so hielten sie sich aneinander fest, bis die Morgensonne ein paar wärmende Strahlen auch zu ihnen sandte.

Nun konnten Punga und Lunga dem harten Winter trotzen. Manchmal hatten die beiden ein schlechtes Gewissen, denn wenn sie so zusammenlagen sprachen sie viel miteinander. Das aber wurde im Reich der Raupen mit Mißmut gesehen. Schadete es doch dem Großen Werk, wenn man seine Arbeitszeit mißbrauchte, um miteinander zu reden. Und Arbeitszeit war bei den Raupen immer, solange das Große Werk noch nicht vollendet war!
„Was kommt wohl zum Vorschein, wenn das Große Werk vollendet ist?“ wollte Lunga wissen.
„Ich glaube nicht, daß das Paradies dort auf uns wartet!“ erwiderte Punga.
Lunga protestierte: „Aber alle Gelehrten und alle alten Schriften sagen dies!“
„Manche glauben auch, die Erde würde auseinanderbrechen, wenn unsere Gänge sie tatsächlich ganz durchdringen!“
„Das darfst du nicht sagen!“ Lunga sah sich entsetzt um. Doch wie immer waren die beiden alleine.
„Und warum nicht?“ Herausfordernd pendelte Punga den kleinen Kopf hin und her.
„Das... Es... Weil es nicht stimmt!“ stotterte Lunga.
„Und wer sagt das?“
„Alle!“ stellte Lunga entschieden fest.
Mit einem kleinen Lächeln in den funkelnden Augen fragte Punga weiter: „Und wer ist das bitte? Alle! Und wo sind alle?“
„Na“, kleinlaut rollte sich Lunga ein wenig zusammen, „die anderen Raupen eben.“
Punga kringelte sich in Lunga hinein. „Hier gibt es keine anderen Raupen. Nur dich und mich!“
„Na ja“, versuchte sich Lunga herauszureden, ließ es aber sein, weil es viel schöner war, sich aneinander zu wärmen, als miteinander zu streiten.

❡

„Vielleicht ist das Paradies für uns Raupen ja auch dort draußen auf der Erde!“ sagte Punga eines Tages.

„Dort draußen werden wir gefressen!“ erwiderte Lunga.
„Und unten werden wir von zusammenbrechenden Gängen oder herabstürzenden Steinen zermalmt!“ gab Punga zurück. „Vielleicht müssen wir nur einfach vorsichtig sein.“
Mißtrauisch schob sich Lunga ein wenig aus dem schützenden Gang. Doch als ein Wolkenschatten wie eine dunkle Drohung über die kleine Raupe strich, zuckte sie zurück.
Nein, da hinaus, in diese Kälte, in der sicher kein Leben möglich war, und alles voller Gefahren, wollte Lunga nicht.

❦

Tag um Tag stieg die Sonne höher in den Himmel. Sie gewann an Kraft und entkleidete die Erde sacht und sanft, fast unmerklich, von ihrem dicken kalten Mantel. Doch mit dem Frühling, kamen auch die Vögel. Punga und Lunga konnten das aufgeregte Gezwitscher der Spatzen hören, das Keckern der Rotkehlchen, den schrillen Jagdruf des Falken, das emsige Klopfen der Spechte. Die Welt um Punga und Lunga erwachte zu neuem Leben. An manchen Abenden, wenn der Himmel noch in tiefem Rot glühte und kein Laut eines Vogels weit und breit zu hören war, krochen die beiden Raupen ein wenig aus dem schützenden Gang, krabbelten voller Freude im wärmenden Licht der untergehenden Sonne und freuten sich aneinander. Der laue Wind wuschelte über ihre pelzigen Körper und sein Atem roch nach Fremde und Weite, brachte unbekannte Düfte wie Keime einer ungestillten Sehnsucht mit sich. Wenn dann die Dunkelheit die Welt umarmte, lagen die beiden Raupen schweigend am Eingang ihres Ganges und Punga spürte immer öfter ein seltsames Sehnen tief in seinem Innern, das von einem noch verborgenen Wissen genährt wurde. Ein Ziehen in der Brust und immer wieder, immer öfter, ein ungewohntes Stolpern seines kleinen Herzens. „Warum harren wir hier immer noch aus?“ murmelte Punga.
„Weil es uns so aufgetragen wurde. Das ist unsere Aufgabe, unsere Bestimmung!“ Lungas Stimme zitterter ein wenig, „unser Beitrag zum Großen Werk!“

„Bestimmung? Aufgabe?“ wiederholte Punga spöttisch. „Bist du dir da sicher? Vielleicht ist das Große Werk schon längst vollendet, und wir wurden einfach vergessen!“
„Meinst du wirklich?“
„Was weiß ich?“ Punga schmiegte sich eng an Lunga. „Aber ich kann nicht glauben, daß dies hier, unsere Bestimmung sein soll.“
„So war es doch schon immer und auch die Gelehrten...“, versuchte Lunga zu widersprechen.
„Und was ist, wenn die Welt wirklich auseinanderbricht, sobald unsere Gänge sie vollständig durchdrungen haben? Auch das haben einige Gelehrte vorausgesagt.“
„Die wurden mit Schimpf und Schande hinauf auf die Erde gejagt und nie mehr gesehen!“
„Sie könnten trotzdem recht gehabt haben! Also, was dann?“ Punga ließ nicht locker.
Lunga überlegte lange und sagte dann zögernd: „Dann würde das Große Werk die Welt vernichten!“ Punga nickte.
Als in dieser Nacht der Schlaf zu ihnen kam, brachte er geheimnisvolle Träume mit, die Punga und Lunga so sehr ängstigten, daß sie sich nicht daran erinnern wollten.
Ein unsichtbarer Künstler bemalte die Welt vor dem Gang der beiden Raupen bunt und immer bunter. Drunten im Reich der Raupen, konnten keine Farben wachsen. Tag um Tag bestaunten Punga und Lunga die bunte Pracht und eine Sehnsucht, von hier fortzugehen, irgendwohin, nur fort von diesem dunklen Gang, wuchs in ihnen, wurde größer und mächtiger. Aber noch war ihre Angst vor den Vögeln zu groß, als daß sich die beiden weit von ihrem sicheren Zufluchtsort entfernt hätten.

❡

Als ob die Nacht geweint hätte, bevor sie dem Tag weichen mußte, glitzerten unzählige Tautropfen auf Gräsern, Blumen und Sträuchern. Wenn ein Sonnenstrahl sie berührte, konnten Punga und Lunga sehen, daß jeder einzelne alles Licht und alle

Farben dieser Welt in sich trug. Lange Zeit war es ganz still.
„Ich habe davon geträumt, fliegen zu können“, sagte Punga. „Ein warmer Wind hat mich gestreichelt und emporgetragen zu weißen, weichen Wolken, die ziellos dahintrieben und mich voller Freude begrüßten. Und dann, dann hat sich der Himmel zu mir herabgesenkt und mich umkuschelt.“

An diesem Tag wagten sich Punga und Lunga so weit hinaus in die Welt wie noch nie zuvor. Vorsichtig krabbelten sie zwischen Gräsern und Blumen und suchten immer wieder Schutz vor Vögeln im dichten Gestrüpp der Sträucher. Erschöpft und übervoll mit neuen Eindrücken, kehrten sie am Abend zurück in ihren Gang.
„Es ist so schön dort draußen“, sagte Punga.
„Ja“, bekräftigte Lunga. „Wenn nur die Vögel nicht wären!“
„Aber die sehen uns doch gar nicht!“ Punga sträubte aufgeregt den seidigen Pelz. „Ich will noch viel mehr sehen von dem, was es dort gibt. Diesen Gang hier zu bewachen, kann nicht mein Leben sein!“
Tag für Tag erkundeten die beiden nun ihre Umgebung. Obwohl Lunga immer ängstlich warnte und dagegen sprach, kehrten sie sogar manchmal am Abend nicht zurück in den schützenden Gang, sondern schliefen gut versteckt und wohlbehütet unter irgendeinem dichten Gestrüpp. Eine Zeitlang schwieg die unbekannte Sehnsucht, die Punga hinausgetrieben hatte, fort von dem Gang, den sie bewachen sollten. Doch als die Tage wärmer und länger wurden und die Nächte lau und mild und voll verlockend unbekannter Düfte, kehrte das namenlose Sehnen wieder zurück. Unruhig krabbelte Punga umher, ohne auf den Weg zu achten. Denn noch war die Sehnsucht in ihm ohne Ziel.

¶

Tief in einem alten, knorrigen Ginsterbusch verharrte Punga bei einem dieser Ausflüge.
„Was ist?“ Lunga drehte sich nach Punga um. „Komm weiter!“

„Spürst du es nicht?" fragte Punga und wand und drehte den Körper suchend hierhin und dorthin.
„Was?" Verwundert krabbelte Lunga herbei.
„Dieser Ort hier", versuchte Punga zu erklären, „er gibt mir ein seltsam wohliges Gefühl."
Prüfend krabbelte Lunga hin und her und her und hin. „Ich spüre nichts! Also komm schon weiter!"
„Laß uns hierbleiben", bat Punga. „Etwas ist anders hier als anderswo!"
„Ich weiß nicht", brummte Lunga zweifelnd, „aber wenn du meinst."
Lunga fand kaum Schlaf in dieser Nacht, weil sich Punga, mit geschlossenen Augen, immer wieder unruhig wand, hierhin und dorthin.
Als der Morgen zögernd den Himmel berührte, konnte Punga sich nur an wirre, unverständliche und doch unbeschreiblich schöne Träume erinnern.
Als sie im Morgengrauen gemeinsam zurück zu ihrem Gang krabbelten, blieben an einem vertrockneten Ast des alten Ginsters einige durchscheinend dünne Fäden hängen und bewegten sich leicht im lauen Morgenwind des Frühlings.

Immer wieder zog es die kleine Raupe von nun an, in das Gestrüpp unter dem Ginsterbusch.
Punga konnte Lunga nicht erklären, was an diesem Ort denn so besonders und einzigartig war, außer einer Ahnung, einem unbestimmten Gefühl, welches der namenlosen Sehnsucht eine Heimat zu bieten schien. Sicher war, daß Punga im Versteck unter dem Ginster, von besonders schönen Träumen besucht wurde. Und immer fanden sich einige dünne Seidenfädchen beim Erwachen, deren Herkunft sich die beiden Raupen nicht erklären konnten.
Eines morgens schreckte Lunga hoch. Was war mit Punga geschehen? Das Pelzchen war umsponnen von unzähligen durchscheinend dünnen Seidenfädchen, und Punga rührte sich nicht.

„Wach auf!" schrie Lunga verzweifelt und krabbelte zu der umhüllten kleinen Raupe.
„Mhm?" brummte es ganz tief und wohlig in Pungas Körper. „Laß mich. Ich träume! Laß mich. Ich fliege!"
Und weil die Stimme so zufrieden klang, ließ Lunga ab und blieb neben Punga liegen. Dichter und dichter schien sich das feingesponnene Netz um den kleinen Raupenkörper zu weben. Wie konnte das sein, rätselte Lunga. Wer spann den Faden für dieses wunderschöne Netz aus durchscheinend dünner Seide, das so zerbrechlich schien, und Punga doch so fest und sicher hielt?

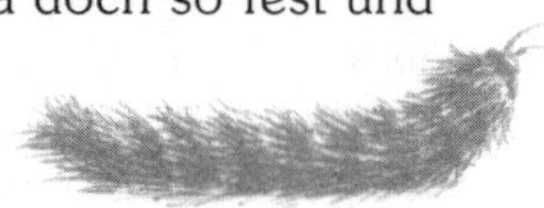

Lunga wartete und weinte ein wenig, denn was da vor sich ging, konnte sich die kleine Raupe nicht erklären. Der Tag verging, und in der Nacht wagte Lunga kein Auge zu schließen. Am darauffolgenden Tag weinte Lunga wieder ein wenig und wartete, denn noch immer hatte sich am Zustand Pungas nichts geändert.
Lunga versank im dunklen Morast der Einsamkeit. Allein und ohne den wärmenden Pelz Pungas wartete und weinte Lunga auch am dritten Tag. Auch der verging, als hätte er Wichtigeres zu tun, als sich um eine kleine träumende Raupe zu kümmern. Die Seidenfäden hatten sich inzwischen zu einem festen Umhang um Punga versponnen.
Irgendwann in der dritten Nacht konnte Lunga die Augen nicht mehr offen halten und glitt in einen tiefen, weichen Schlaf voll bunter Träume.

Ein staksiges, im leichten Wind zitterndes Monster blickte Lunga mit glänzenden Facettenaugen an. Zitternd kringelte sich die kleine Raupe so fest zusammen wie es nur ging. Doch das Untier, welches geradewegs aus einem Alptraum entsprungen zu sein schien, machte keine Anstalten Lunga zu verschlingen.
„Ich träume!" hörte die kleine Raupe plötzlich die Melodie einer feinen Stimme, die ein wenig nach der vertrauten Pungas klang. „Das ist schön! Und du bist auch da! Ich will nicht wie-

der aufwachen." Doch dann zögerte die Stimme ein wenig. „Wie bist du in meinen Traum gekommen?"
„Punga?" flüsterte Lunga. „Bist du das? Was ist mit dir geschehen?"
Mit einem Mal entfaltete das Untier zwei Flügel, von denen jeder einzelne größer war als die kleine Raupe, die vor Schreck am ganzen Körper bebte. Die bunten Flügel stellten sich in den Wind und schlugen einige Male prüfend hin und her, auf und ab. Das Untier schien leichter und leichter zu werden und plötzlich schwebte es empor, leicht wie die Daunen des Eisvogels, bunt und leuchtend wie ein Regenbogen.

„Ich bin es Lunga", jubilierte die vertraute Stimme. „Ich kann fliegen. Das ist kein Traum! Siehst du nicht? Komm mit mir!"
Doch die kleine Raupe sah und hörte nichts mehr. Kaum hatte sich das Untier in die Luft erhoben, war sie so schnell sie konnte unter einen Stein gekrabbelt und wartete darauf, nun auf der Stelle gefressen zu werden.
Doch nichts geschah.
Nach einer Zeit, die Lunga länger vorkam als ihr gesamtes bisheriges Raupenleben, wagte sie wieder zu atmen und ein wenig hinter ihrem Pelz hervorzublinzeln. Über ihr schaukelte das Untier in der Luft, und die Sonne leuchtete auf den seidigbunten Flügeln.

„Komm mit Lunga, so komm doch!“ hörte die kleine Raupe die Stimme. „Komm flieg mit mir!“
„Aber...“ antwortete die Raupe zittrig. „Ich... Was ist mit dir geschehen?“
Mit leichtem Flügelschlag landete das Untier neben Lunga. „Was soll geschehen sein? Ich kann fliegen, das ist alles. Komm, ich zeige dir wie das geht. Es ist ganz leicht!“
Schon wollte das seltsame Tier wieder die Flügel öffnen, um davonzufliegen, da rief Lunga: „Aber schau dich doch an! Du siehst zum Fürchten anders aus. Wo ist dein schöner, kuscheliger Pelz. Wie sollen wir beide uns jetzt noch wärmen? Und Flügel sind dir gewachsen! Ich habe keine Flügel.“
Betroffen hielt das seltsame Tier inne und äugte hin und her, um sich selbst zu betrachten.
„Ja“, murmelte es dann, „ein wenig habe ich mich vielleicht verändert, aber zum Fürchten sehe ich doch ganz und gar nicht aus.“
„Was ist geschehen mit dir in den letzten drei Tagen und Nächten?“ verlangte Lunga zu wissen.
Punga hatte sichtlich Mühe, sich daran zu erinnern. „Ich weiß nicht. Ich glaube, ich habe geträumt, viele schöne, große Träume. Und dann bin ich aufgewacht. Das war alles - glaube ich.“
„Vielleicht ist ein Teil eines Traumes mit dir aufgewacht und deshalb bist du jetzt so verändert?“ rätselte Lunga.
„Wer weiß“, antwortete Punga und betrachtete sichtlich zufrieden die regenbogenbunten Flügel. „Es ist, wie es ist - und es gefällt mir gut.“

¶

Lange Zeit saßen der Schmetterling, der zwar nicht wußte, daß er nun ein Schmetterling war, dem dies aber ziemlich egal war, und die Raupe, der es gar nicht egal war, daß da keine zweite Raupe neben ihr lag, an der sie sich hätte wärmen können, beieinander und versuchten herauszufinden, was denn nun in diesen drei Tagen und drei Nächten wirklich geschehen sein könnte.

Allein, ganz sicher waren sie sich auch nach heftigen Reden nicht. Fest stand, daß sich Lunga, da Punga so verändert war, nachts eng an den kleinen Stein schmiegte, unter dem sie in ihrem ersten Schreck Schutz gesucht hatte. Und dort fand die kleine Raupe, nachts in tiefem Schlaf, Träume begraben, von denen bis dahin sicherlich noch nie irgend jemand gedacht hatte, daß es sie überhaupt geben könnte.

Punga wartete und hütete sich, auch nur einen er vielen, durchscheinend dünnen Seidenfädchen, die sich wie die Arme eines wunderschönen Traumes um Lunga woben, zu berühren.

Punga wartete, bis Lunga fest eingesponnen war in das weiche, warme Seidennetz zahlloser ungeträumter Träume und achtete darauf, daß nicht etwa ein fallendes Blatt oder der kleinste kalte Windhauch Lunga stören konnten.

Punga wartete geduldig, weil er sicher war, daß auch mit Lunga ein Teil eines großen Traumes aufwachen und weiterleben würde.

¶

Und wenn sie nicht gestorben sind, dann schaukeln Punga und Lunga jetzt über eine vor Blüten strotzende Waldwiese und sorgen dafür, daß die Dinge auf der Welt ihren rechten Lauf nehmen.

Denn wir alle wissen ja inzwischen – unsere Gelehrten haben es bewiesen – daß der Flügelschlag eines kleinen Schmetterlings im Amazonasbecken durchaus in der Lage ist, ein Erdbeben in Japan zu verursachen.

Jürgen Werner
Die Freiheit
des Jägers

Da war er!
Harun versteckte sich blitzschnell hinter einem Holunderstrauch. Keinen Moment zu früh. Schon hob der Berglöwe witternd seine Nase.
Der Wind stand günstig. Mit jeder Faser seines Körpers spürte Harun, daß der Kampf unmittelbar bevorstand. Sieben Tage war er der Fährte des Berglöwen gefolgt. Er hatte sich von ihm narren lassen, war ihm nächtelang hinterher geschlichen, nahe daran, aufzugeben. Doch eine Macht, ein Gedanke ließ nicht zu, daß Harun aufgab. Vor nicht einmal zehn Tagen war Tarom, sein väterlicher Freund und Lehrer, der beste Jäger des Dorfes, zu Grabe getragen worden. Tarom hatte den Kampf mit dem Berglöwen aufgenommen und verloren. Nun lag es an Harun, seinem Schüler und Nachfolger, das Dorf von dieser tödlichen Gefahr zu befreien.
Das enge Gesträuch erlaubte es ihm nicht, den Bogen zu benutzen. Zu groß war die Gefahr, daß der Pfeil auf seinem Weg ins Ziel abgelenkt wurde. Er mußte den Zweikampf suchen. Harun zog langsam, den Feind stets im Auge behaltend, sein Messer aus der Scheide. Den Körper flach auf den Boden gepreßt, kroch er näher.
Der Berglöwe konnte den Feind nicht wittern, aber sein Instinkt warnte ihn. Harun sah, wie sich die Muskeln des Tieres spannten. Der Berglöwe war zum Zweikampf bereit, und er gedachte, den Ort als Sieger zu verlassen.
Ein weiter Sprung, der rechte Arm umkrallte den Hals des Tieres. Harun wollte zustoßen, der Berglöwe war schneller, drehte geschickt seinen kräftigen Körper und brachte damit den jungen Jäger aus dem Gleichgewicht. Harun spürte den geifernden Atem, als die scharfen Zähne, kaum einen Fingerbreit vor seiner Kehle zuschnappten. Er stieß zu. Warmes Blut floß über seine Hand.
Der Berglöwe spürte den kurzen Moment der Erleichterung und grub seine Zähne tief in den Arm des Jägers. Jetzt kämpfte nur noch Instinkt gegen Instinkt. Ein zweiter Stoß mit dem Messer, ein dritter. Für Tarom. Für die Menschen im Dorf. Und für seine eigene Angst. Diese schreckliche Angst im Angesicht

des Todes trieb ihn dazu, ließ ihn nicht aufhören, immer weiter zuzustoßen. Nie wieder wollte er dem Tod so nahe sein. Nie wieder solch eine Angst verspüren. Erschöpft, voller Blut, kniete Harun neben dem toten Berglöwen. Er empfand keine Freude. Er hatte Tarom gerächt, ins Leben konnte er ihn nicht mehr zurückholen. Harun nahm sein Messer, der verletzte Arm schmerzte fürchterlich. Er zog dem Tier das Fell ab und sank wenig später müde auf die Erde.

Kein Lächeln, kein Schulterklopfen erwartete ihn im Dorf. Die Bewohner gingen mit harten Augen und schmalen Lippen an ihm vorüber.
Was war geschehen? Harun sah sich verwundert um. Kein Kinderlachen, keine strengen Mahnungen der Eltern, kein Zank zwischen Liebenden.
Am Rande der steilen Felswand, die das Dorf von Norden her gegen Eindringlinge schützte, erhob sich eine mächtige Burg. Erstaunt betrachtete Harun die geheimnisvolle Festung. Nur Götter konnten in so kurzer Zeit ein solch wuchtiges Bauwerk erschaffen. Doch jene, die Harun aus den alten Erzählungen kannte, würden Schlösser hervorbringen oder Gebilde, deren Sinn nur die Seele verstand. Hier war eine andere Macht am Werke und Harun wußte nicht, spürte nur, daß es etwas Bedrohliches war.
Verwundert und voller Fragen betrat er die Dorfschenke. Hier wußte man sicherlich Bescheid, über die Burg und die wundersame Wandlung einiger Dorfbewohner, denn hier war die Stätte der wichtigen Entscheidungen. Schließlich war der Wirt zugleich Ortsvorsteher.
Am großen runden Tisch in der Mitte der Schenke fanden die Ratsversammlungen statt und zur späten Stunde versammelten sich die Männer an selber Stelle zum fröhlichen Zechen.
„Wirt, sage mir, was ist . . .“ Harun sah sich erstaunt um.

Der runde Tisch war verschwunden. Dafür standen viele kleine Tische im Raum und an jedem saß ein Mann allein und stumm vor seinem Krug.
Der Wirt beachtete ihn nicht.
„Ich habe den Berglöwen getötet“, sagte Harun. Niemand interessierte sich für die wichtige Nachricht. Harun wandte sich verwundert an den Wirt: „Was ist geschehen?“
„Hast du Geld, um ein Bier zu bezahlen?“
„Nein.“
„Dann verschwinde.“
Harun wurde zornig. Er nahm das Fell und hielt es in die Höhe. „Ich habe für euch mein Leben eingesetzt und ihr behandelt mich wie ein, ein . . .“ Harun wußte nicht was er sagen sollte. Es war auch egal, niemand beachtete ihn.
„Ob du einen Berglöwen tötest oder nicht ist deine Angelegenheit. Uns interessiert das nicht, wir geben dir auch nichts dafür“, sagte der Wirt in einem gelangweilten Tonfall.
„Aber ich habe Hunger

und vor allem Durst! Meine Kehle ist wie ausgetrocknet."
„Willst du Bier, mußt du bezahlen", antwortete der Wirt barsch. „Gib mir das Fell, und du bekommst dafür Bier."
„Nein. Es steht Taroms Frau und seinen Kindern zu. Das weißt du ganz genau."
„Es ist deine Entscheidung. Mir ist es gleich, wem ich das Fell abkaufe und wer hungern muß."
Harun versuchte es ein letztes Mal. „Hat euch diese wundersame Burg auf dem Nordfelsen so verändert?"
„Welche Burg?" Der Wirt stellte zwar die Frage, aber Harun sah, daß er sich für eine Antwort nicht interessierte.
Er konnte nicht fassen, was hier geschehen war. Mit diesen Männern hatte er oft fröhlich gezecht. Der Wirt zählte nicht die Krüge und seine Gäste nicht die Kupfermünzen. Mit diesen Männern war er weinend an Taroms Grab gestanden! Und jetzt?
Der Wirt wischte gelangweilt die hölzerne Theke, die Männer starrten stumm auf ihre Krüge. Traurig verließ er die Schenke.
Harun hatte im Lauf der Jahre ein feines Gespür dafür entwikkelt, ob die Menschen, denen er begegnete, ihm gut oder schlecht gesinnt waren. Aber hier auf den engen Dorfstraßen war nichts von diesem Ungesagten, das ein jeder verstand, zu spüren. Keine Stimmungen, die sonst jede Gemeinschaft wie ein schweres Parfum umwölkten, hingen in der Luft. Nichts Gutes, nichts Böses. Kalt und rein, waren die Bewohner, die mit gesenktem Kopf an ihm vorübergingen, wie das ewige Eis des Gletschers, dem die wärmenden Strahlen des Lebens nichts anhaben konnten.
„Bruder Johannes!" Harun betrat die Kapelle im Zentrum des Dorfes und sah sich nach dem dicken Mönch mit seinen listig lustigen schwarzen Augen um. Er wußte sicherlich eine Antwort und würde einmal mehr mit seinem fröhlichen Lachen Haruns Sorgen beiseite wischen. Niemand war zu sehen. Die großen Fenster, durch die sonst das Sonnenlicht hell und warm in das Innere flutete, waren mit düsteren Bildern bemalt worden, die das Licht wie einen Aussätzigen verbannten. Es war kühl und feucht. Ein moderiger Geruch stieg Harun in die Nase.

„Willst du beichten?“ hörte er eine drohende Stimme.
Harun wußte nicht, woher sie kam. Dann sah er den Mönch hoch oben auf einem Podest. „Was machst du dort?“
„Das Wort Gottes verkünden.“ Bruder Johannes kam die Stufen herunter und baute sich vor Harun auf. Wo war der Bruder Johannes, den Harun kannte? Die einst weiche, vom Wein stets gut geschmierte Stimme des lebenslustigen Mönchs war hart und rauh geworden. Das runde rosige Gesicht mit den lustigen schwarzen Augen hatte Falten bekommen. Mit hartem Blick musterte Bruder Johannes den verletzten Jäger. „Kommt man so in meine Kirche?“
„Ich habe den Berglöwen getötet.“
„Du sollst nicht töten.“ Der Mönch taxierte Harun. „Naja, fünf Kupfermünzen werden für dein Seelenheil genügen.“ Er deutete auf zwei hölzerne Schalen, die rechts und links der Tür standen.
„Was ist geschehen, Bruder Johannes? Wo sind die Frauen und Männer, die hier um ihre Angehörigen trauerten, auf ein Wunder hofften oder sich ihre Liebe eingestanden?“
„Der Teufel wird sie holen!“ Bruder Johannes richtete seinen dicken Finger drohend zum Himmel. „Der Allmächtige wird sie fürchterlich strafen!“
Harun fröstelte, die Kälte drang in seine Knochen. Er spürte, daß hier etwas geschehen war, das sich mit Worten nicht beschreiben ließ.
„Wo willst du hin?“ hörte er Bruder Johannes rufen. „Vergiß das Opfer nicht, oder du wirst zur Strafe in der Hölle schmoren!“
Harun wandte sich nicht um. Mit raschen Schritten verließ er die düstere Kirche, um sich draußen von der ausgesperrten Sonne wärmen zu lassen.
Jetzt gab es nur noch einen Ort, einen Menschen, an den er sich wenden konnte. Harun hatte Angst. Angst, daß auch diese letzte Hoffnung wie Staub zerfiel. Angst, daß Menea, die Frau, die er von ganzem Herzen liebte, so wie alle anderen geworden war. Aber Harun konnte nicht ewig der Wahrheit ausweichen, er mußte ihr begegnen.

Menea öffnete die Tür und musterte Harun von Kopf bis Fuß. Die zerfetzte Kleidung, das blutige Fell, der verletzte Arm, der kraftlos herunterhing. „Pfui Teufel! Was willst Du?“
„Ich bin es Menea, dein Mann!“
„Das seh ich und vor allem rieche ich es. Wasch dich, dann komm wieder.“
„Ich bin müde und verwundet.“
„Was geht mich das an?“
„Aber Menea, ich habe den Berglöwen erlegt. Für dich, für Tarom, für alle im Dorf.“
Meneas Stimme wurde weich wie Samt. „Gib mir das Fell.“
„Es gehört Taroms Familie. Er ist dafür gestorben!“
„Na und? Niemand wird es dir danken. Gib mir das Fell und ich werde mich um dich kümmern.“
„Das bist nicht du“, antwortete Harun entsetzt.
„Wer denn sonst?“
„Bevor ich ging, haben wir uns noch geliebt, draußen im feuchten Moos. Nur der Mond sah unsere Leidenschaft.“
„Die Zeit ist seitdem nicht stillgestanden“, antwortete Menea.
„Was ist bloß geschehen? Wo ist die Zärtlichkeit, wo die Wärme deiner Augen? Warum hast Du dich so verändert?“
„Nicht ich habe mich verändert“, antwortete Menea, „sondern du.“
Harun weinte und er schämte sich seiner Tränen nicht. „Ich liebe dich, Menea.“
„Liebe?“ Meneas Augen blieben ausdruckslos. „Die Hütte gehört dir wie mir. Aber Liebe?“ Sie ließ die Tür offen und ging zurück in die Kammer. Harun sah ihr nach, Tränen in den Augen. Sie hatte wohl recht, die Hütte gehörte ihr wie ihm. Er hatte sich darüber nie Gedanken gemacht. Er wußte nur, daß er die Hütte nicht mehr betreten konnte. Die Tür stand offen, aber Menea hatte mit schweren Riegeln ihr Herz verschlossen.

❡

Wo sollte er hingehen? An wen konnte er sich wenden? Die Verletzung, welche ihm der Berglöwe beigebracht hatte, war

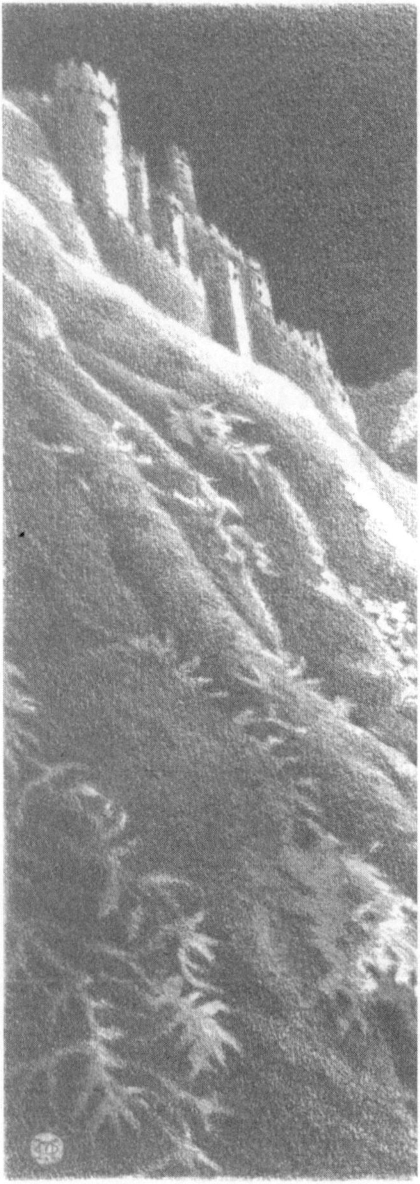

zu schwer, als daß er allein im Wald überleben konnte. Er brauchte Freunde, die ihm halfen, bis er wieder bei Kräften war und jagen konnte. Aber hier im Dorf gab es niemanden mehr, der dazu bereit war.
Die Sonne ging unter, der Mond schickte sein kaltes Licht. Harun begann zu frieren. Er zwang sich zur Ruhe, verließ das Dorf und setzte sich am Waldrand auf einen alten, umgestürzten Baumstamm.
Er spürte das stechende Pochen in seinem Arm, das mit der Ruhe schlimmer wurde, ihm die Sinne raubte und damit zugleich den Schmerz linderte.
Der Instinkt des Jägers erwachte, riß ihn aus seiner Hilflosigkeit und wies ihm den Weg zur Burg, die auf ihn zu warten schien. Der Jäger spürte, daß hinter diesen Mauern die Antwort auf seine Fragen verborgen lag.
Die Burg war anziehend und abstoßend zugleich, nichts schien im Gleichgewicht.
Auch Harun nicht. Er setzte sich an den Wegrand,

verspürte unsägliche Trauer über das, was ihm widerfahren war, um wenig später mit wütendem Schritt den mit Disteln gesäumten Weg entlangzustapfen.
Schließlich erreichte er die Burg. Vorsichtig näherte sich Harun dem großen Tor, das höher und massiver war, als eine jahrhundertealte Eiche. Er kam sich lächerlich und hilflos vor, als er seine Hand zur Faust ballte, um gegen das Tor zu pochen. Da öffnete sich eine schmale Tür, die in das Holz eingelassen war, einen Spalt breit, und eine süßliche Stimme, zäh wie Honig, begrüßte Harun.
„Tretet näher, junger Mann, und seid mein Gast."
Der Jäger in ihm ließ sich nicht täuschen und stieß einen stummen Warnschrei aus. Doch Harun wollte eine Antwort, und die bekam er nur, wenn er die Burg betrat.

¶

Leise schloß sich die Tür hinter ihm. Im flackernden Kerzenlicht erkannte Harun einen großen, hageren Mann mit tiefschwarzen Augen und einem langen, dünnen Bart, der ihm bis zu den Knien reichte. Alles an ihm wirkte dünn und zerbrechlich wie dürre Zweige, die man zwischen den Fingern zerbrechen konnte.
Die beiden Männer musterten sich stumm. Noch wußte Harun nicht, was mit den Menschen im Dorf geschehen war, und ebensowenig kannte er die Macht seines Gegners. Er folgte den geheimen Gesetzen der Jäger und Gejagten, obwohl er sich nicht im Klaren darüber war, welche Rolle in diesem gefährlichen Spiel das Schicksal ihm zugedacht hatte.
„Folgt mir", unterbrach der Fremde das Schweigen. Den Kerzenleuchter in der ausgestreckten Hand, wies ihm der seltsame Mann den Weg. Die Kerzen warfen nur ein spärliches Licht auf den Boden, und Harun achtete sorgsam darauf, wohin er trat. Sie gelangten in einen großen, mit unzähligen Kerzen hellerleuchteten Saal. Die Wände waren mit prachtvollen Teppichen geschmückt, die in feingewebten Bildern Geschichten erzählten: fröhliche, traurige, schöne und grausame. Fasziniert be-

trachtete Harun die Bilder. Er erkannte das Dorf, sein Dorf, sah den Wandel der Menschen und kam doch nicht hinter das Geheimnis.
„Setzt Euch." Die Bitte kam freundlich aber bestimmt. Harun wandte sich von den geschmückten Wänden ab und setzte sich an den reich gedeckten Tisch.
„Greift zu." Der Mann deutete auf die Köstlichkeiten. Harun zögerte. Womöglich war etwas in das Essen gemischt.
„Mein Name ist Zador." Mit einer Phiole in der Hand kam er auf Harun zu. „Wie ich sehe, seid Ihr verletzt."
Harun spannte die Muskeln seines linken, gesunden Armes.
„Darf ich Euch helfen?"
Der Jäger nickte kaum merklich. Zador träufelte einige Tropfen Flüssigkeit auf die Wunde. Es war, als stieße ihm jemand ein glühendes Messer in den Arm. Doch wenig später ließ der Schmerz nach und die Wunde verschwand, als hätte sie es nie gegeben.
Harun konnte nicht fassen, was geschehen war.
„Greift zu", forderte ihn Zador noch einmal auf, und Harun zögerte nicht mehr.
„Ich hoffe, Ihr seid wieder bei Kräften", setzte der Mann, nachdem sie ausgiebig gespeist hatten, das Gespräch fort.
„Ich bedanke mich für die überaus große Gastfreundschaft, die mir in Eurem Haus zuteil wurde und für das Wunder, welches Ihr vollbracht habt." Harun tastete seinen rechten Arm ab, nichts war zu sehen. „Ich bin Harun, der Jäger."
„Ich habe zu danken, werter Harun, denn ich bin ein sehr, sehr einsamer Mann, der sich nach Menschen sehnt." Bedächtig strich Zador mit seinen schlanken Fingern den Bart entlang. Harun war auf der Hut.
„Jeder, der mich für eine Zeitlang aus meiner Einsamkeit befreit, verdient es, von mir reich belohnt zu werden", sagte Zador.
Doch Harun stand der Sinn nicht nach Geschenken. Er wollte Antworten. „Sagt, was ist mit den Menschen im Dorf? Sie sind so", Harun suchte nach den richtigen Worten, „so kalt, so unnahbar."

„Sie sind weder kalt noch unnahbar", antwortete Zador bestimmt. „Sie sind mit sich im Reinen und voller Dankbarkeit mir gegenüber. Ihr könnt sie fragen, allesamt. Jeden einzelnen habe ich als Dank für die Gastfreundschaft, die mir zuteil wurde, vom größten Fluch, der in seiner Seele schlummerte, befreit." Zador stand auf und trat nah an Harun heran. „Und Ihr könnt dieses Glück ebenso erfahren. Ich habe die Macht dazu", flüsterte er leise.
Mit einer einzigen Handbewegung löschte Zador die Kerzen im Saal. Nur noch die auf dem Leuchter tauchten den großen, hohen Raum in ein spärliches Licht. Schemenhafte Schatten tanzten auf dem Boden und verwandelten die toten Möbel in lebendige Wesen, die zu raunen und wispern schienen. Zador füllte zwei schwere Kristallgläser mit dunkelrotem Wein und reichte Harun eines davon. Der Jäger nahm es zögernd an und damit den Zweikampf mit Zador auf.
„Welches Gefühl verabscheut Ihr am meisten in Eurem Herzen?" fragte Zador mit heiser flüsternder Stimme. „Ist es die Trauer?" Er beugte sich tief zu Harun hinunter. „Ein scheußliches Gefühl, wenn es einem die Gedärme herauszureißen scheint. Tag und Nacht peinigt sie dich, wie Gewürm frißt sie sich tiefer und tiefer in die Seele. Oder ist es der Haß? Dieses kleine, böse Tier im Herzen, das so gern alles zerstört. Hämisch grinsend taucht es stets dann auf, wenn man es zu bändigen nicht in der Lage ist." Immer schneller fielen die Worte. „Die Hoffnung?! Der Mut?! Oder ist es. . .?" Plötzlich herrschte Stille. Zador sah Harun tief in die Augen, bevor er mit schmeichelnder Stimme weiter sprach. „Oder ist es die Liebe? Ihr seid doch von der Liebe enttäuscht?"
Eine seltsame Kraft fesselte Harun an seinen Stuhl und zwang ihn, das schwere Kristallglas zu umklammern.
„Es ist nichts von alledem." Ein verschlagenes Grinsen huschte über Zadors Gesicht. „Es ist die Angst, die Angst verflucht Ihr am meisten in Eurem Herzen." Zador lachte heiser. „Das Leben wäre so schön, wenn nur die Angst nicht wäre. Die Angst, wenn ein Kampf bevorsteht, die Angst vor dem Tod, vor dem Morgen."

Er strich mit seinen Händen über Haruns Gesicht. Wie Nadelstiche kratzten die Fingernägel auf der Haut.
„Und da ist noch die Angst vor der Einsamkeit. Niemand, der ein gutes Wort für Euch übrig hat“, jammerte Zador mit der weinerlichen Stimme eines Kindes, um sogleich mit eindringlichen Worten weiterzusprechen. „Ein Wort genügt und Ihr werdet nie wieder Angst verspüren.“
Harun atmete heftig, die Furcht hatte ihn gepackt. Sie quälte ihn, trieb ihr teuflisches Spiel. Hart, unerbittlich tanzte die Angst in seiner Seele.
„Ein Wort genügt“. Zador trat ins flackernde Licht und hielt Harun das Glas entgegen.
Keine Angst mehr haben, dachte Harun und war nahe daran, sich von dieser Last befreien zu lassen. Für einen kurzen Moment hielt er Zador das Weinglas entgegen, zögerte und nahm es schließlich wieder zurück. Der Jäger in ihm hatte einen stummen Warnschrei ausgestoßen. „Ich behalte meine Angst, sie ist ein Teil von mir.“
„Narr!“ Mit einem wütenden Schrei schmetterte Zador das Glas gegen die Wand. „Folgt mir!“
Er nahm den Leuchter und verschwand, ohne sich noch einmal umzuwenden, hinter einer der Türen. Der Kampf ging weiter, und Harun, der Jäger, folgte Zador mit zögernden, unsicheren Schritten.

❡

Tiefer und tiefer schlängelte sich die schmale Wendeltreppe hinunter. Zador ging wortlos, den Leuchter vor sich hertragend, voraus, und Harun, mit vorsichtig tastenden Schritten, hinterher.
Die Wände und Stufen waren feucht, die Luft nahm einen schweren modrigen Geruch an, Spinnweben versperrten den Weg und legten sich wie klebrige, feinmaschige Netze auf die Haut. Harun hörte ein düsteres Grollen, ein Fauchen, das von irgendwoher aus den Tiefen zu ihnen heraufdrang.
Zador blieb keinen Moment stehen. Mit sicheren Schritten

nahm er die glitschigen Stufen, die sie dem Ursprung des üblen Gestankes und bedrohlichen Grollens näher und näher brachten. Harun suchte tastend nach Halt an der feuchten Wand und war froh, endlich in einem schmalen Gang angelangt zu sein.
Zador sah ihn mit hämischem Grinsen an. „Ihr spürt sie und könnt Euch dem Gefühl nicht entziehen. Aber folgt mir, denn das ist erst der Anfang. Lernt, was es heißt, den fauligen Atem der Angst zu riechen, ihr wütendes Brüllen zu hören, ihre messerscharfen Krallen zu spüren."
Das Grollen wurde lauter. Harun hörte ein knirschendes Geräusch, wie wenn schweres Eisen aneinander gerieben wird. Mit jedem Schritt spürte der Jäger, daß seine Angst größer wurde, mächtiger, stärker.
„Gebt sie mir. Gebt mir Eure Angst!" hörte er Zador wie durch einen Nebelschleier flüstern.
Harun kämpfte gegen das Verlangen, die Angst ein für allemal aus dem Herzen zu verbannen, an. Er dachte an den Berglöwen, an den Kampf, aber auch an dieses Gefühl der Erleichterung, die eigene Angst besiegt zu haben. Die Bilder verblaßten. Zador tauchte vor seinen Augen auf, den Leuchter mit den Kerzen in der Hand.
„Nein", keuchte Harun.
Wütend folgte Zador weiter dem Gang und blieb wenige Schritte später vor einer rostigen Eisentür stehen, die mit einem schweren Schloß gesichert war. Er öffnete die darin eingelassene Klappe.
„Hinter dieser Tür lebt sie." Zadors heiseres Lachen blies feinen Nebel in die feuchtkalte Luft.
„Wer lebt dort?" Harun bebte am ganzen Körper.
„Die Angst."
Zador rüttelte am Schloß, was von drinnen mit einem bösartigen Fauchen und schwerem Kettengerassel beantwortet wurde. „Könnt Ihr Euch vorstellen, daß es einen Menschen im Dorf gibt, der dieses Gefühl noch einmal in seiner Seele beherbergen möchte? Wie töricht zu glauben, daß die Menschen im Dorf unglücklich wären. Frei von diesem . . .", noch einmal rüt-

telte er am Schloß. Das Knurren wurde lauter, wütender, der Gestank intensiver. „. . . diesem Monster!“
Harun stellte sich auf Zehenspitzen, um durch die schmale Klappe einen Blick nach drinnen zu erhaschen. „Wozu benötigt Ihr dann noch meine Angst?“
Ein dumpfes Brüllen ließ das Gemäuer erbeben. Was war das?“ wollte Harun erschrocken wissen. „Das kam nicht aus dem Kerker.“
Zador lachte dröhnend. „Der Mut. Ihn zu bändigen war meine gefährlichste Aufgabe. Er lebt in einem Verlies tief unter diesem und kein Mensch kann je dorthin gelangen. Er und die Angst bilden das Fundament meiner Burg. Je mächtiger das Fundament, desto mächtiger der Herr des Hauses.“
„Ihr seid kein Mensch“, stellte Harun fest.
„Ihr denkt zuviel“, antwortete Zador. „Denkt lieber daran, wie schön es ist, wenn Eure gräßliche Angst in diesem Verlies an schweren Ketten sicher verwahrt ist. Denkt daran, wie schön das Leben sein wird. Denkt daran und folgt mir weiter.“
Er schloß die Klappe mit einer ruckartigen Bewegung und ging zurück zur Treppe.
Mit raschen Schritten stieg er nach oben. Harun folgte Zador und betrat mit ihm wenig später einen der vier Burgtürme.
Der Jäger hielt schützend die Hand vor seine Augen. Vom Sonnenlicht grell erleuchtet, funkelte es überall im Raum in den verschiedenartigsten Farben. Alles schien aus Glas, selbst die steinernen Wände spielten mit den mannigfaltigen Möglichkeiten des Lichts und der Schatten. In der Mitte, auf einer schlanken Säule, die an ihrem Ende spitz wie ein Degen zulief, schwebte eine Kugel. Sie war das Zentrum des sich tausendfach brechenden Lichts.
Entsetzt faßte sich Harun an die Brust. Er hatte das Gefühl, jemand zerre an seinem Herz und wolle es herausreißen. Im nächsten Augenblick spürte er ungeahnte Zärtlichkeit in sich. Dann fiel wieder dieser Schmerz, der einem die Brust zerriß, über ihn her.
Harun streckte die Hände aus, wollte die Kugel berühren. „Halt! Niemand darf die Kugel berühren. Sie ist so dünn wie

die Flügel der Elfen und so zerbrechlich wie die Liebe, die sie in ihrem Inneren gefangen hält."

„Das kann nicht sein", antwortete Harun. „Welcher Mensch empfindet die Liebe als so quälend, daß er sich auf immer und ewig von ihr befreit?"

Zadors schlanke, von Adern durchzogenen Hände umspielten die Glaskugel, wie die einer Wahrsagerin, wenn sie ihrem magischen Kristall die großen Geheimnisse entlockt.

„Spürt Ihr es nicht? Wie eine Drohne fällt sie einen an, beißt sich fest, um schließlich, wenn die Zeit reif dafür ist, alles zu zerstören. Für kurze Momente des Glücks bezahlt Ihr den hohen Preis des Leids. Erinnert Euch an Menea. Welcher Schmerz war stärker? Als der Berglöwe seine scharfen Zähne in Euer Fleisch grub, oder als Menea Euch verließ?"

Er hat recht, dachte Harun. Es war grausam in Meneas kalte Augen zu sehen. Er schloß die Augen und weinte. Die Tränen nahmen seinen Schmerz mit, zurück blieben Erinnerungen an Meneas Lachen, ihre Weichheit, ihre Zärtlichkeit.

„Ich gebe meine Liebe nicht her, ebensowenig wie meine Angst", antwortete der Jäger bestimmt und war stolz auf die Tränen, die ihm die Wangen hinunterliefen. Er dachte nicht daran sie wegzuwischen.

Zadors Augen funkelten böse. „Folgt mir weiter." Er verließ rasch den Turm. Sein weiter Mantel wehte dabei wie ein Segel im stürmischen Wind.

„In zwei der vier Türme habt Ihr die Trauer und den Haß eingesperrt", sagte Harun.

Zador lächelte wissend. „Ihr habt sie auf Eurem Weg hierher gespürt. Und doch konnten sie Euch nicht verändern", antwortete er. „Als ich Euch sah und Eure Aufrichtigkeit spürte, da wußte ich, daß Ihr kein gewöhnlicher Mensch seid."

„Ich bin Harun, der Jäger. Nicht mehr, aber auch nicht weniger."

Über Zadors Gesicht huschte ein hinterlistiges Grinsen. „Gebt mir Eure Angst, Jäger, und Ihr werdet Großes auf dieser Welt vollbringen." Er öffnete eine weitere Tür zum letzten der vier Türme.

Der ganze Raum war mit schweren, dunklen Tüchern verhangen. Kein Lichtstrahl, außer dem spärlichen Schimmern der Kerzen, durchbrach die tiefschwarze Nacht.
Zador schwenkte das fahle Licht ein kleines Stück zur Mitte hin, gerade soviel, daß ein auf dem Boden liegender Diamant ein blasses Leuchten zustandebrachte. So schwächlich, wie der flache Atemzug eines Sterbenden.
Zador hatte einen Fehler begangen, das spürte Harun mit jeder Faser seines Körpers. Er hatte den Instinkt des Jägers unterschätzt. Alles um ihn war düster, dunkel, tödlich, und doch war er plötzlich von einer Kraft beseelt, die ihm den Glauben gab, den Kampf als Sieger zu beenden.
„Was haltet Ihr in diesem Raum gefangen?" fragte Harun mit fester Stimme.
„Die Hoffnung", antwortete Zador verächtlich. „Sie ist das hinterlistigste Gefühl, das es gibt. Ihr genügt der Schatten einer Möglichkeit zur Flucht, schon hat sie sich bei den Menschen eingenistet, um sie zu peinigen und zu demütigen. Vielleicht wird ja alles wieder gut?" äffte er die hohe Stimme eines alten Mütterchens nach. „Aber niemals wird irgend etwas gut, nichts ändert sich!" schrie Zador. „Die Hoffnung ist nichts weiter als Blendwerk, billiger Tand. Ich habe sie in das härteste Gestein der Welt gesperrt, wie die Ratte in einen Käfig."
„Oder wie eine Perle im Herzen der Auster", antwortete Harun. Er spürte, daß selbst dieses Gestein die Hoffnung nicht ganz einzusperren vermochte. Ein Hauch von ihr hing in der Luft, wie der erste zarte Duft des Frühlings nach einem langen Winter. Harun sog diesen Duft der Hoffnung in sich auf und fand die Kraft, Zadors Blick zu begegnen.
Dieser lachte nur. „Ihr werdet an meine Worte denken." Donnernd fiel die Tür ins Schloß. „Ihr habt jetzt alles gesehen."
Bald würde die Nacht vorüber sein, das fahle Morgengrauen legte sich bereits über die Erde. Zador deutete auf den Saal, von dem sie sich, so schien es, vor ewigen Zeiten auf den Weg gemacht hatten. „Ihr werdet erkannt haben, daß mein Beweis der Dankbarkeit Euch gegenüber weit mehr ist, als alles, was sich ein einsamer Wanderer je erhoffen darf. Kein Gefühl ist es

wert, daß man es sich wie einen Mühlstein um den Hals hängt. Gebt mir Eure Angst. Befreit Euch von dieser Last."

Harun wollte Zadors Blick begegnen, aber er vermißte diesen Hauch der Hoffnung, der ihm zuvor die Kraft und das Gefühl gab, seinem Gegner ebenbürtig zu sein.
Zador hatte keinen Fehler begangen, als er ihm die Hoffnung gezeigt hatte. Oh nein, dieser Teufel mit seinen hämisch funkelnden Augen, wußte genau was er tat. Gib deinem Gegner Hoffnung, nimm sie ihm sogleich wieder und zermürbe ihn damit. Zador war ein Meister und Harun ihm hilflos ausgeliefert.
Auge in Auge standen sie sich gegenüber. Der Jäger spürte, daß die Macht dieses Mannes auch ihn bald in ihren Bann ziehen würde. Fieberhaft suchte er nach einem Ausweg.
„Habt Ihr eines, habt Ihr alle!" Harun bemühte sich, Zadors Blick standzuhalten. „Wer keine Angst empfindet, verliert den Mut. Ohne Mut ist Liebe aussichtslos und wahre Liebe kann nur der empfinden, der weiß, was Haß ist. Ohne Hoffnung ist dies alles nicht möglich, und die Trauer läßt den Zyklus von neuem beginnen."
Zador ließ sich auf Haruns Spiel nicht ein. Zu lange schon hatte er gezögert. Er mußte die Angst des Jägers in seinen Besitz bekommen. Sie würde seine Burg noch größer, noch stärker und ihn zum unumschränkten Herrscher der Gefühle machen. Das war seine Bestimmung, der Grund wofür er existierte: Macht. „Gebt sie mir!!"
„Ein Gefühl habt Ihr noch nicht in Eurer Gewalt", ächzte Harun unter dem Druck von Zadors Blicken.
„Hah", Zadors Augenbrauen zuckten für einen kurzen Augenblick. „Welches Gefühl könnte mir entgangen sein?"
„Die Freiheit." Haruns Stimme war nur noch ein leises Stöhnen. Der Druck, der auf ihm lastete, ließ ein wenig nach. „Ihr habt die Freiheit noch nicht in Eurer Gewalt."
Zador trat einen Schritt zurück. „Hab ich eines, hab ich alle. Wie soll mir dabei die Freiheit entgangen sein?"
Harun richtete sich mühsam auf. „Sie ist so selten wie ein Dia-

mant. Ich bin Jäger, mein Reichtum ist die Freiheit, ohne sie bin ich nichts."
Wie eine hungrige Hyäne umschlich Zador sein Opfer. Er dachte fieberhaft nach. Freiheit, welch sonderbares Gefühl. Gab es sie? Konnte die Freiheit seiner Burg Mauern geben, die keine Macht würde zerstören können? Was aber, wenn es sie nicht gab? Zadors Augen funkelten listig und verschlagen. „Weshalb ist dieses Gefühl bis jetzt noch nicht in meiner Gewalt?"
„Die Menschen im Dorf kennen die Freiheit nicht, haben nur von ihr gehört, für Momente auch gespürt, aber ich lebe mit und durch sie." Harun spürte, wie Zadors Gier größer wurde. Jetzt war er der Jäger, und er kannte den wunden Punkt des Gejagten. „Was ist schon Angst, was Hoffnung, solange es die Freiheit gibt? Ich besitze sie im Übermaß, groß und weit ist sie, wie die Wälder ohne Wiederkehr."
Zador musterte Harun mißtrauisch. „Und Ihr seid bereit, mir Eure Freiheit zu überlassen? Dieses wertvolle Kleinod? So plötzlich? Haltet mich nicht für dumm, Jäger."
„Ich schenke sie Euch nicht. Ich biete Euch einen Zweikampf an."
Zador war überrascht. Noch nie hatte es ein Mensch gewagt, ihn herauszufordern.
„Ihr habt wohl Angst zu verlieren?" Harun trieb sein Spiel auf die Spitze.
„Ihr seid Jäger und mögt einen Berglöwen besiegt haben, aber gegen Zador seid Ihr machtlos."
„Dann kämpft mit mir." Allein die Gier nach der wundersamen Freiheit ließ es zu, daß Harun so mit Zador sprechen durfte. „Nennt mir die Regeln."
Harun nahm ein Glas und füllte es mit Wein. Er reichte es Zador. „Seid der Kerker für meine Freiheit."
Zador sah ihn abschätzend an. „Ich soll die Freiheit in mir tragen?"
„Gibt es ein besseres Verlies dafür?"
Zador zögerte noch immer, aber der Jäger hörte nicht auf, weiter zuzustoßen. „Habt Ihr Angst, daß die Freiheit eines Jägers stärker ist, als Eure Macht?"

„Nichts und niemand ist stärker als meine Macht, meine Magie!“ Er trank den Wein in einem Zug und warf das Glas gegen die Wand. „Laßt uns kämpfen!“ war das letzte, was Harun, der Jäger, von Zador, dem Zauberer, hörte.

❡

Weiche Lippen legten sich auf seinen Mund. Warme, zärtliche Augen sahen ihn liebevoll an. Meneas Augen. Er spürte ihre Hände und zugleich die große Sorge um sein Wohlbefinden. „Wir bringen dich ins Dorf“, flüsterte sie ihm ins Ohr. Harun richtete sich mühsam auf. Er lag im Wald, müde und blutig vom Kampf. Die Bewohner des Dorfes standen stumm und besorgt im Kreis. „Er lebt, . . . er hat es geschafft, . . . der Berglöwe ist tot!“ hörte er sie flüstern. Verhaltene Freude verwandelte sich in lauten Jubel, als Harun unsicher aufstand. Überall helfende Hände.
„Holt Wein!“ rief Bruder Johannes mit listig funkelnden Augen. „Und bringt mir auch einen Becher mit.“
„Was steht ihr noch herum? Tragt unseren Jäger in meine Schenke“, wies der Ortsvorsteher die Dorfbewohner an.
Auf ihren Schultern brachten sie ihn ins Dorf, wo in der Schenke ein großes Festessen für den erfolgreichen Jäger angerichtet war.
Harun war glücklich und nur allzu gern bereit, den vorangegangenen Tag und die darauffolgende Nacht zu vergessen. Nur manchmal, wenn er die Narbe an seinem Arm sah, zweifelte er für einen kurzen Augenblick, ob seine List wirklich aufgegangen war. Und wäre die Hoffnung nicht gewesen, wer weiß, möglicherweise hätte der Jäger niemals die Kraft der Gewißheit in sich gespürt.
Die Gewißheit, daß niemand, nicht einmal Zador, der die Freiheit wirklich und wahrhaftig in sich trägt, Gefühle einsperren kann.

Roland Kübler

Das Märchen

vom EinsSein

Vielerorts erzählten die Menschen in Dörfern und Städten, Gehöften und Weilern von einem der letzten großen Weisen, der sich seit Jahrzehnten entsagungsreicher Versenkung und Hingabe verschrieben hatte.
Ein einsamer Wanderer hatte dies gehört und sich auf den Weg gemacht. Er wollte lernen von diesem sagenumwobenen Weisen, der noch, wie behauptet wurde, um die Geheimnisse der Ersten Epoche wußte. Manche munkelten gar, er wisse von den Geheimnissen des Anfangs vor dem Anfang und noch weiter darüber hinaus.
Manchmal sollte es wohl auch schon vorgekommen sein, so wurde in den Dörfern erzählt, daß der Weise eines der großen Geheimnisse des Lebens einem würdigen Pilger ins Ohr flüsterte, auf daß dieser es weitertrage in alle Länder dieser Erde.
Es war ein langer und beschwerlicher Aufstieg für den Wanderer, denn der große Weise saß auf einem hohen Berg, wo er seit langem das EinsSein mit dem Universum übte, sich nur von Wurzeln, Flechten und Ranken ernährte und der morgendliche Tau, sowie ein wenig Regen, alles waren, was er trank. Oben angekommen fand der Wanderer, der Weg habe sich gelohnt. Die Aussicht war atemberaubend. Fruchtbare Täler lagen unter ihm, schroffe Abhänge stürzten in schwindelerregende Tiefen. Wasserfälle tobten schäumend hinab, vereinigten sich zu breiten, behäbig dahinstömenden Flüssen. Die Luft war klar und rein. Nichts und niemand versperrte an diesem Ort den ungetrübten Blick auf die Welt unter dem Gipfel. Ehrfürchtig näherte sich der müde Wanderer dem reglos dasitzenden Weisen. Dieser saß, hohlwangig und ausgezehrt von Wind und Wetter, auf einer nackten Felsplatte und hielt die Augen geschlossen.
Der Wanderer wagte nicht, den Weisen zu stören. So ließ er sich erschöpft nieder, schloß die Augen und ruhte aus von dem mühevollen Aufstieg. Als er wieder erwachte, bemerkte er, daß der Weise ihn ansah.
„Ihr habt, wie es scheint, eine außergewöhnliche Begabung für die tiefe Versenkung!“ sagte der Weise nach einiger Zeit des stummen Betrachtens. Der Wanderer wagte keinen Wider-

spruch und nickte. Er fühlte sich frisch und erholt vom langen Schlaf.
„Ihr wollt von mir lernen!“ stellte der Weise fest und musterte den Wanderer eindringlich.
Wieder nickte dieser, denn das war der Grund, weshalb er den Weg auf sich genommen hatte.
„Gut!“ sagte der Weise und schloß die Augen.
So saßen sich die beiden drei Tage und drei Nächte gegenüber. Der Wanderer auf weichem Moos, der Weise auf der kahlen Felsplatte. Der Wanderer schlief, wann immer er müde war. Er konnte überall schlafen, das hatte er auf seinen vielen Reisen gelernt. Er aß und trank ein wenig und wartete, daß der große Weise endlich wieder seine Augen öffnen würde.

„Eure Ausdauer ist bemerkenswert, junger Mann!“ sagte der Weise, als er die Augen schließlich öffnete und feststellte, daß er vom Wanderer mit klarem, wachem Blick beobachtet wurde. „Nachdem wir nun eins mit der Natur geworden sind, wollen wir jetzt versuchen eins zu werden mit allen Lebewesen des Universums!“ Daraufhin schloß der Weise wieder die Augen.
Fünf Tage mußte der Wanderer ausharren – das wenige an Nahrung, welches er bei sich führte, neigte sich gefährlich seinem unerbittlichen Ende zu – bis der Weise sich endlich entschloß, die Augen wieder zu öffnen. Fünf lange Tage und Nächte, in denen er den Weisen am liebsten ein wenig angestoßen hätte, um ihn darauf hinzuweisen, daß auch er, der Wanderer, ein Lebewesen dieser Erde sei und einige Fragen an den Wei-

sen hatte, auf die er eine Antwort wollte. Doch er hielt sich zurück und wartete.
Endlich zuckten die Augen des Weisen.
„Auch ich durfte das EinsSein mit einem Tier, welches mir das Leben rettete, schon erleben“, sagte der Wanderer schnell.
Der Weise zuckte verwirrt zurück. Dieser Wicht wagte, ihn anzusprechen? Doch dann sagte er voller Erstaunen: „Ihr habt das EinsSein mit einem Lebewesen dieses Universums erlebt? Diese Ehre war mir noch nicht vergönnt.“ Dann schloß er wieder die Augen.
Der Proviant des Wanderers war aufgebraucht, und so mußte er sieben Tage und sieben Nächte hungrig ausharren, bis der Weise seine Augen wieder öffnete.
„Erzählt, was Euch widerfuhr“, forderte dieser, immer noch sichtlich aufgeregt, den Wanderer auf. „Trotz allen Hungerns und Durstens, trotz aller Übungen und Entbehrungen, habe ich diese Form der Vollkommenheit, habe ich das Erlebnis des EinsSeins mit einem Tier noch nicht erleben dürfen.
Gerne erfüllte der Wanderer den Wunsch des Weisen. Und so erzählte er: „Es war auf einer meiner Reisen durch die kargen Steppen der östlichen Ebenen.“ Der Wanderer deutete in Richtung des Sonnenaufganges, doch der Weise wandte den Kopf nicht. Ihn interessierten nicht die Richtungen, sondern nur das Allumfassende, eben das EinsSein.
„Lange schon war ich unter glühender Sonnenhitze den staubigen Weg gegangen“, fuhr der Wanderer fort. „Der Durst ließ meine Zunge hart werden wie vertrocknetes Gebäck, meine Lippen sprangen, als seien sie verbranntes Holz.“
Der Weise schüttelte mißmutig den Kopf. Weiter, weiter! deutete er mit der Hand an. Er wollte vom EinsSein hören, von dem Erlebnis, welches dieser Glückspilz durch die unergründliche Gnade der Götter geschenkt bekommen hatte. Doch der Wanderer ließ sich nicht beirren.
„Seit Tagen schon hatte ich nichts mehr gegessen. Mein Bauch war leer wie die Kornspeicher am Ende eines langen, harten Winters, in welchen selbst die Mäuse vor Hunger sterben müssen, weil nicht einmal die Krümel der Spreu sie ernäh-

ren können. Endlich kam ich an einen kleinen, klaren Bach. Nie zuvor und auch nie mehr danach hatte das Wasser solch einen Geschmack wie an diesem Tag. Nie mehr!"
Der Wanderer nickte lächelnd und schnalzte mit der Zunge, als er sich daran erinnerte.
„Weiter doch", forderte der Weise ungeduldig.
„Ich wäre wohl trotz des Wassers gestorben in dieser trostlos weiten Steppe, denn noch hatte ich fünf Tagesmärsche vor mir, und der Hunger tobte in meinen Eingeweiden und ließ meine Muskeln zucken, so daß ich nicht mehr gehen konnte. Völlig ermattet lag ich an dem Bach. Eine Hand war mir in das klare Wasser gesunken. Plötzlich fühlte ich eine zarte Berührung an dieser Hand. Geradeso, als wolle mich eine Frau liebkosen. Seidig zart strich es über meine Haut. Beinahe wäre ich eingeschlafen vor lauter Wohligkeit. Und wer weiß, vielleicht wäre ich dann niemals wieder aufgewacht, so erschöpft und hungrig wie ich war. Doch da spürte ich einen Schmerz in meinem Daumen, als solle er abgebissen werden. Mit letzter Kraft riß ich meine Hand aus dem Wasser. Am Daumen hing ein wunderschöner, großer Fisch. Der schönste, der mir jemals in meinem Leben begegnete. Er hat mich das Gefühl des EinsSeins gelehrt. Danach hatte ich die Kraft, meine Wanderung durch die östliche Steppe zu beenden."
„Ihr habt ihn...", der große Weise auf dem Berg rang nach

Worten. „Ihr habt ihn gegessen?" stieß er schließlich fassungslos hervor. Aufgeregt fuchtelnd stand der Weise vor dem Wanderer.
Dieser überkreuzte die Beine und schloß die Augen.
So sehr der Weise auch drängte, der Wanderer rührte sich

nicht. Schließlich setzte sich der Weise auch wieder auf seine Felsenplatte und fiel nach einiger Zeit in gewohnt tiefe Versenkung. Wer weiß, vielleicht träumte er von den Geheimnissen der Ersten Epoche, vielleicht auch vom Anfang des Anfangs. Vielleicht auch von Dingen vor dessen Beginn. Und es mag wohl sein, daß er hierbei Geheimnisse erfuhr, für deren flüsternde Weitergabe mancher Pilger dankbar sein Herz und sein Ohr öffnete.
Der Wanderer jedoch stand auf, kaum daß der Weise die Augen geschlossen hatte und machte sich auf den Weg ins Tal.
Es war spät am Abend, als er dort ankam und zurücksah. Die Sonne glühte tief in verheißungsvollem Rot. Ein langer, langer Schatten fiel von der Bergspitze hinab bis in das Tal. Wer wußte, was es darin zu sehen gab, konnte die Umrisse des dort oben sitzenden Weisen gut erkennen. Wie ein grobbehauener Fels ragte er in den Abendhimmel und strebte danach, zu erfahren, was es hier unten im Tal in Hülle und Fülle gab. Wenn die Sonne niedrig steht, werfen auch Zwerge große Schatten, dachte der Wanderer und wollte weitergehen. Doch mit einem schmerzvollen Aufschrei verharrte er. Ärgerlich schimpfend zog er sich vorsichtig einen kleinen Dorn aus dem Fuß. Danach jedoch eilte der Wanderer davon, um noch vor Einbruch der Nacht ins nächste Dorf zu kommen.
Er war hungrig und gegen einen guten Wein zum Mahl, hätte er auch nichts einzuwenden.

Die Autoren und der Illustrator:

Roland Kübler, Jahrgang 1953, lebt als freier Schriftsteller im Remstal bei Stuttgart. Er ist einer der erfolgreichsten deutschsprachigen Märchenschreiber der letzten Jahre.
Bisherige Veröffentlichungen:
„Die Mondsteinmärchen“ (Deutscher Märchenpreis 1993), „Die Sagen um Merlin, Artus und die Ritter der Tafelrunde“, „Traumfeuer“ (Verlag Stendel).
Mitherausgeber und Autor: „Die Farben der Wirklichkeit“, „Wieviele Farben hat die Sehnsucht“, „Männertraum(a)“, „Der Gesang des Wales“ (Lucy Körner Verlag).

Jürgen Werner, Jahrgang 1963, lebt in Waiblingen bei Stuttgart. Seine Art Märchen zu schreiben ist beeinflußt von André Hellers Satz: „Ich halte meine Träume für Realität. Denn ich glaube an die Realität meiner Träume.“
Mitautor bei dem Märchenbuch „Traumfeuer“ (Verlag Stendel).

Markus Olivieri, Jahrgang 1953, studierte an der ‘Freien Kunstschule Stuttgart’ und an der ‘Hochschule für Bildende Künste Braunschweig’ mit Meisterschülerabschluß.
Als Buchillustrator ist er für verschiedene Verlage tätig.
Kristine Gelderblom, Jahrgang 1945, studierte an der ‘Hochschule für Bildende Künste Braunschweig’ Bildhauerei und Zeichnung bei Prof. E. Cimiotti. Als freischaffende Künstlerin zeigt sie ihre Arbeiten auf Ausstellungen und ist als Buchillustratorin tätig.
Beide leben und arbeiten in Herrischried-Giersbach im Süd-Schwarzwald.

Roland Kübler
(Herausgeber)

Traumfeuer

120 S. – illustr.
ISBN 3-926789-05-0

Märchen vom Zauber der Liebe,
vom Vertrauen und dem Mut,
Träume gemeinsam zu leben.

Schon jetzt ein Klassiker!

Roland Kübler

Die Sagen um Merlin, Artus und die Ritter der Tafelrunde

320 S. – illustr.
ISBN 3-926789-01-8

Ein zeitloser Sagenkreis in einer einfühlsamen Bearbeitung, die sich eng an die ältesten Überlieferungen hält. Eine wunderbare Neuerzählung der Artus-Sage in einem liebevoll aufgemachten Buch. Mit einem Nachwort zur tiefenpsychologischen Bedeutung des Gralsmythos, sowie mythologischen Stammtafeln.